U0481660

通过重构实现企业价值提升 | 叶荣祖 ◎ 著
利用资本达到市值裂变倍增

# 重构资本

## 商业变革重启企业无形资本

# RESTRUCTURING
# CAPITAL

**企业有两个值，贡献价值和资本市值**

站在商业模式的角度

过去是赚钱，今天是贡献价值

站在资本的角度

过去是做市场、做利润，今天是做市值

只要模式能解决痛点、能够贡献价值，赚钱是顺便的事情

企业管理出版社
ENTERPRISE MANAGEMENT PUBLISHING HOUSE

图书在版编目（CIP）数据

重构资本：商业变革重启企业无形资本/叶荣祖著.
—北京：企业管理出版社，2018.8
ISBN 978-7-5164-1753-9

Ⅰ.①重… Ⅱ.①叶… Ⅲ.①企业管理 Ⅳ.①F279.2

中国版本图书馆 CIP 数据核字 (2018) 第 151325 号

| | |
|---|---|
| 书　　名 | 重构资本：商业变革重启企业无形资本 |
| 作　　者 | 叶荣祖 |
| 责任编辑 | 张 羿 |
| 书　　号 | ISBN 978-7-5164-1753-9 |
| 出版发行 | 企业管理出版社 |
| 地　　址 | 北京市海淀区紫竹院南路17号　邮编：100048 |
| 网　　址 | http://www.emph.cn |
| 电　　话 | 总编室（010）68701719　发行部（010）68414644 |
| | 编辑室（010）68701661　（010）68701891 |
| 电子邮箱 | emph003@sina.cn |
| 印　　刷 | 北京美图印务有限公司 |
| 经　　销 | 新华书店 |
| 规　　格 | 170毫米×240毫米　16开本　12.5印张　160千字 |
| 版　　次 | 2018年8月第1版　2018年8月第1次印刷 |
| 定　　价 | 48.00元 |

版权所有 翻版必究 · 印装有误 负责调换

# 序 PREFACE

## 企业重生之路

如今,翻天覆地的变化已经不再让人惊叹连连。30多年前,万元户还是有钱人的代名词,如今几乎家家都是万元户;20多年前,百万富豪还很少见,如今中产阶层普遍有着百万资产;10多年前,万亿市值曾是多少中国企业反复提及的梦想目标,如今我国已有十几家企业突破万亿市值,跻身世界前列。

站在时代的前沿,未来已经向我们显现出真容。在这里,新形态和旧势力的角斗正在发生,而最终旧时代的规则与模式将会落败,因为历史的天平永远倾向于未来。在这里,新的技术正在蓬勃发展,人工智能正来势凶猛地进入物流、家居、制造、零售等各个行业,并在逐渐撬动各行各业的格局,重构资本将打开新的局面。在这里,新的商业逻辑正在形成,并显现出"百花齐放,百家争鸣"的勃勃生机,各个行业都极尽所能地在新天地里探索新的制胜利器。

企业与经济齐头并进,得到了更多的机遇,正所谓"水大鱼大",但在充满机遇的同时企业的发展也面临着更艰巨的挑战。在新环境下,企业要想把握机遇,创造辉煌的奇迹,必须成为现有商业规则的改变者、重构者。企业必须通过嫁接、整合各种资源,以资本思维方式来对今后发展进行规划;

必须转变既有的传统思维方式，以具有前瞻性的未来格局来审视今天。总而言之，企业要想成为价值整合者、提供者、放大者，重构资本势在必行。

从地段到流量再到粉丝，商业角逐的核心在不断变化着，不同时期对企业的要求也各不相同。现如今，企业要从过去做市场的观念转变为做市值，从过去赚钱的思维转变为贡献价值，也就是说企业要做好贡献价值和资本价值这两个值。为此，企业需要通过重构资本实现商业基因再造和价值重组，迎来重生与基业长青。

首先，重构资本不是把外国的经验与模式照搬过来，不是人云亦云地盲目跟风，也不是企业的一时兴起，而是企业基于顶层战略打出的一系列"组合拳"，是依托对市场预判的大胆跨步，是巧借时代东风的顺势而为。重构资本，源于企业做大市值、基业长青的理想。

其次，重构资本的落地实施需要正确的指引和合理的步骤，需要披坚执锐的坚决和所向披靡的强劲。重构资本意味着企业将充分利用自身资本和社会资本，以融资渠道强化外力，以无形资本提升内力，从而构建起扬帆起航的无敌战舰。另外，重构资本的践行需要有具体的方法与策略，让企业拨开发展迷雾，寻得前进方向。

最后，任何一个企业的诞生、发展和壮大都是植根于社会的沃土之上。类似于大树的养分来自土壤，企业的财富来源于社会。作为国家经济活动的主体参与者，企业不只是赚取利润的盈利机构，也承担着反哺社会、解决就业、重新分配社会财富的责任。优秀的企业要像一个湖泊，聚集四方水源，以中转站的角色分流输出，改善一方生态，造福社会。

经历重构之后，企业才能获得新生。未来，企业将变得更加开放、包容。重构资本，企业将迎来市值的增长；重构资本，企业基业将长足发展。

# 目录
## CONTENTS

**第一章 资本时代下的破与立 / 001**

  第一节 幻影重重，资本之海起迷雾 / 003

  第二节 泡沫幻灭，时代拐点降危机 / 008

  第三节 不破不立，商业力量再聚合 / 013

  第四节 死地后生，重构资本破困局 / 017

**第二章 重构资本，应对未来 / 021**

  第一节 失控的未来，可控的选择 / 023

  第二节 塑造新优势，重构路线图 / 027

  第三节 资本与市值，发展与逻辑 / 030

  第四节 企业的未来，市值的管理 / 035

**第三章 市值裂变的外部力量 / 039**

  第一节 小公司更要懂二板市场 / 041

  第二节 价值最大化的"共享"上市 / 046

  第三节 谁都可以有的最大资金池 / 050

第四节 花明天的钱圆今日梦 / 054
第五节 最强利益共同体联盟 / 058

## 第四章 市值裂变的内部无形资本 / 063

第一节 难以复制的无形资产——品牌 / 065
第二节 行业的竞争力与垄断力——技术 / 072
第三节 产业的新动力与原动力——价值链 / 077
第四节 企业的精神财富和物质形态 / 082

## 第五章 市值裂变的顶层设计 / 087

第一节 战略行动锁定资本价值 / 089
第二节 价值逻辑重塑企业本质 / 095
第三节 组织结构垒建市值高塔 / 100

## 第六章 市值增长的路径选择 / 105

第一节 首选：优先进入高利润区 / 107
第二节 关键：远离资本高危险区 / 112
第三节 目的：资本行为的后续价值 / 116

## 第七章 市值倍增的制胜之道 / 121

第一节 重构之初，模式演绎 / 123
第二节 力求创新，紧跟时代而变 / 129
第三节 重塑业务系统，凝聚企业王牌 / 133

**第八章　打造企业的核心竞争力 / 139**

　　第一节　步步为营，整合关键资源 / 141

　　第二节　顺势而为，及时更新盈利点 / 146

　　第三节　稳操胜券，重构商业资本 / 150

**第九章　正向激励，企业家精神 / 155**

　　第一节　不平衡时代下的企业家精神 / 157

　　第二节　资本无界，以信聚合大小资产 / 162

　　第三节　善念永存，以爱加持 / 167

　　第四节　商业本质，以舍换得 / 171

**第十章　风起云涌，攻陷资本 / 175**

　　第一节　未来已来，资本的最终流向 / 177

　　第二节　重构资本，市值的跳跃式增长 / 182

　　第三节　市场之道，唯变制胜 / 187

# 第一章
## 资本时代下的破与立

> 在大国崛起和强企诞生的过程中,资本发挥着不可替代的作用。大国之间或者强企之间的博弈也都往往是围绕资本市场展开的。但是,资本并不是只会迎来繁荣与富足,它也会给国家和企业带来刻骨铭心的灾难与伤痛。
>
> 资本市场变幻莫测,是是非非迷人眼。在资本时代,谁能看破迷局,重构资本,便能一跃而起,迎来千亿、万亿市值的迅猛增长。本章将围绕资本之迷与破局之术展开,将资本时代予以深刻剖析,给企业变革以启发。

# 第一章
## 资本时代下的破与立

## 第一节 幻影重重，资本之海起迷雾

资本市场的繁荣能够有效地反哺实体经济，产生明显的溢出效应。例如，软银的资本支持让马云创立的阿里巴巴在困境中得以生存，并发展为如今的电子商务帝国。但是，资本有时又如同洪水猛兽，会给市场、企业和个人带来巨大的灾难。例如，2008年爆发的金融危机席卷全球，全球经济市场一片消沉，企业纷纷倒闭，工人大量失业，整个社会都笼罩在阴霾之下。

资本可以给人类带来繁荣，也可以带来海啸般的灾难，它就如同蒙着面纱一般，让人捉摸不透。

### ◇ 资本，促荣还是致损

所谓资本，是指那些能够被他人信任，并能够调动他人资源的东西，如品牌、技术、标准等。资本的属性是被人信任，而运作资本的前提也是能得到他人的信任，从而调动他人的资源，去创造价值。但是，从资本的发展历程来看，这种信任不是只带来发展的价值，也会带来一次次的危机。

18世纪，为了应对战争造成的财务危机，英国大举发行国债，使得庞大的民间资本进入了国债市场。正如马克思在《资本论》中所指出的："公债成了原始积累最强有力的杠杆之一。它像挥动魔杖一样，使不生产什么的货币具有生殖的力量，并把它转化为资本。"这些民间资本不仅缓解了英国政府的财政压力，还产生了一种新的社会力量，使英国经济更加繁荣，国力更加强盛。

此外，英国乡村掀起的圈地运动，以及修建运河和收费公路的热潮，让大量的社会资金有了新的投资渠道，由此促成了英国多元化的资本市场。资本市场的发展一方面缓解了英国政府面临的财政压力，另一方面解决了英国在发展农业、交通运输业等行业的过程中面临的资本短缺问题，从而推动了经济与社会的发展。

资本市场的繁荣发展使英国远远走在其他国家前列，稳居世界强国的宝座。但是，资本并不只带来市场繁荣，它还有让人胆寒的另一面。1825年7月，英国爆发了第一次周期性普遍生产过剩的经济危机。当时，银行纷纷倒闭，工商企业一个接一个地走向破产，工人大量失业，各行各业都遭到了沉重的打击，整个社会都处于极度恐慌和混乱之下。当初带给了英国人繁荣的资本，又成了英国人最恐怖的噩梦。

同英国的情况类似，19世纪中后期，美国发展成了资本主义头号强国，资本也塑造了华尔街的牛市神话。一栋栋摩天大楼强势而起，一家家跨国公司成为行业巨擘，一个个投资人凭借资本成为百万富翁，资本给美国市场带来了前所未有的繁荣，给美国人带来了巨大的财富增长。

富裕无忧的生活不是凭空而来的，繁荣的假象也终将会被揭开。1929年，随着纽约证券交易所股票价格雪崩般地跌落，华尔街崩盘的资本灾难开始急速蔓延至多个国家。一夜之间，资本积累的财富化为乌有，繁荣已逝。其中，不只是企业，有越来越多的个人濒临破产，人们的生活水平骤然下降，整个经济一派萧条景象。

资本塑造财富的美梦真的就此破灭了吗？

虽然这场经济危机持续了十几年，但是之后人们还是再一次迎来了资本的繁荣，资本仍旧在行业发展、社会进步，以及生活水平提高等方面发挥了巨大作用。资本不曾因危机而为人抛弃，但它的隐患也从未从根源上被消除，此后经济危机仍旧周期性地爆发。关于资本到底会带领人们走向何方，似乎谁也不知道。

## ◇ 筚路蓝缕，以启山林

在将近30年的发展过程中，我国资本市场一路走来风雨兼程。从1990年设立上海证券交易所到现在，我国资本市场市值已位居全球第二，上市公司数量达到3400家，总市值超过60万亿元，我国资本市场用不到30年的时间快速走过了发达国家近百年的历程。

1978年，改革开放这一历史性决定为资本市场的产生奠定了基础条件；1990年，随着上海证券交易所的成立，我国正式迎来了资本市场；1991年，深圳证券交易所紧跟着成立；1992年2月，中国证监会成立；1999年7月1日,《中华人民共和国证券法》正式实施，这标志着我国资本市场正式走上了法制化的道路；1995—1999年，我国股市几起几落；从2000年开始，我国股市进入了长达五年的大熊市；2005年，我国正式启动股权分置改革；2009年10月30日，十年磨一剑的创业板成立；2003年，深圳证券交易所中小企业板成立……

从要不要发展资本市场到如何规范资本市场，我国对资本的态度发生了翻天覆地的变化。"虽然大器晚年成，卓荣全凭弱冠争。"我国从一个单边市发展到初步形成的双边市，从一个半流通市发展为初步建立起多层次资本市场，资本市场以前所未有的速度发展着。

但是我国资本市场的发展也不是一步到位的，正如"中国创业板之父"成思危所说，我国资本市场"宏观看来进步不小，微观看来问题不少"。由于制度设计的缺陷和不完善、投资者的成熟程度和理性程度不足，以及市场上缺乏长期投资者，我国资本市场的投机行为仍普遍存在，常常出现股市暴涨暴跌现象，隐患重重。

《论语》有云："知不足然后能自反也，知困然后能自强也。"作为新兴市场，我国的资本市场还存在一些问题，政府对此也正在不断完善法律法规，对资本市场发展表现出了格外的重视。随着各方面的不断改善，相信我国的企业和个人将在资本市场上获得更多的收益，减少资本市场震荡所带来的损失。

### ◇ 迷雾笼罩，未来何往

资本市场环境的稳定与成熟不是一蹴而就的。投机行为固然有着高风险，但同时也意味着高利润。因此，即使有着因投机而身败名裂的先例，对此趋之若鹜的还是大有人在。而资本市场的重要参与者一旦诚信缺失，往往会产生蝴蝶效应，震荡整个资本市场。资本市场何其广大，时局又是如此变化莫测，渺小如星际尘埃的企业要如何做出正确选择呢？

时局无常，资本亦无常。繁荣与萧条、机遇与危机、发展与制约，在资本的矛盾中企业栉风沐雨，但却始终不曾将之舍弃。成也资本，败也资本。资本充满生机，同时又可能将企业引向败落道路。在发展历程中，有的企业家一时因资本而笑逐颜开，一时又因资本而眉头紧锁，结果本该掌握资本的企业却成了资本的玩物。

而在我国，由于资本市场起步较晚，在市场规范、法律法规、市场参与方素质等方面与发达国家相比还有较大差距，环境也要更加的错综复杂。

因此，我国的资本市场在发展中难免会遇到更多的问题。当面对没有先例的问题时，我国企业又是否能够妥善应对？

资本之海迷雾已起。在未来，资本到底将带领企业走向繁荣还是走向瓦解，企业要如何妥善使用资本以创造更大的市值，并迎来长青发展呢？对此，本书将驱散资本迷雾，一一解构，寻求企业市值裂变的资本重构之道。

## 第二节　泡沫幻灭，时代拐点降危机

2017年年初，每枚比特币价格不到1000美元，之后一路高涨，在12月迎来高峰达到每枚19000美元，然而好景不长，2018年年初又跌至每枚7000美元。在比特币价格的跌宕起伏中，有人大赚一笔，功成名就；有人赔得精光，落寞收场。一成一败，巨大反差形成的主要原因便是资本选择与经济泡沫。

资本市场迷雾笼罩，企业最终收获的是发展还是败落，其中关键便是对资本的使用恰当与否。对企业来说，理性利用资本，企业市值可得到数倍增长；盲目跟进资本投入，则将促成经济泡沫，于经济泡沫幻灭之时一败涂地。

要想让企业在发展中以资本提升市值，避开经济泡沫，首先必须了解经济泡沫。

所谓经济泡沫，依据美国著名的经济学家金德尔伯格的说法，出于人性的狂热和信贷的扩张，在资本逐利下经济泡沫形成。投资者被价格上涨的新闻所刺激，跟投又造成了价格的再度上涨，从而吸引了更多的投资群体入局，结果经济泡沫越来越大，直到幻灭。

被记载的历史上第一次经济泡沫发生于荷兰，而其主角是一种植物。小小植物引起的经济泡沫造成的影响却是巨大无比的，正是这次经济泡沫的幻灭使荷兰经济元气大伤，其霸主地位更是被英国一举取代。

### ✧ 郁金香泡沫的幻灭

郁金香原产于地中海沿岸及中亚、土耳其等地，在当地是一种极为普通的多年生草本植物。但是，当一位植物学教授于1593年将郁金香引入荷兰时，这种本来极为普通的植物摇身一变，成了受上层社会追逐、价格高昂的奢侈品。

美丽的郁金香在荷兰成为地位与身份的象征，受到了贵族的偏爱，更是有大量资本进入郁金香投资中。那些最先投资郁金香的人大赚了一笔，获得了丰厚的投资利润。受到刺激的荷兰人对郁金香更加看好，他们甚至出卖房子、地产等资产，只为加大对郁金香的资本投入以获取更多的利润。

在资本的追捧下，郁金香价格一路攀升。在1636年，一株郁金香可以与一辆马车等值，而一株最珍贵的郁金香品种"永远的奥古斯都"甚至可以换得阿姆斯特丹运河旁边的一栋豪宅。在一年的时间里，郁金香价格的涨幅便达到了5900%！

一株郁金香真的值这么多钱吗？一个偶然事件——一位初到荷兰的外国水手将一朵价值3000金币的郁金香球茎当作洋葱吞咽进肚——让投资者开始思考郁金香的价格。在荷兰人眼中价值可比肩一座豪宅的郁金香球茎，在外国人眼中竟然如同洋葱。这件事如同一枚炸弹，引起了郁金香投资者的恐慌。将资本投入郁金香市场的人纷纷抛售郁金香，曾经高不可攀的郁金香价格如同断崖上滑落的枯枝，暴跌不止，直到其价格真的不过是一只普通的洋葱。

曾经，将资本投入郁金香市场的人一夜之间成为富豪；如今，将资本投入郁金香市场的人一夜之间落魄如乞丐。郁金香的泡沫幻灭了，郁金香市场昔日的繁荣景象顿时化为凄风苦雨，荷兰的经济也从此走向衰落。

郁金香泡沫的影响震天动地，但资本下的经济泡沫并没有就此打住，如头几年在我国兴起的藏獒热就是一次典型的资本下的经济泡沫。

### ◇ 藏獒泡沫的破裂

20世纪90年代，改革开放让中国沿海城市发展起来，带动了一部分人先富起来。2000年前后，青藏地区的藏獒被引入内地，"新富阶层"为了彰显自身身份与财富，掀起了一股养藏獒的热潮。

随着资本的进入，藏獒市场疯狂炒作，藏獒价格呈直线上升，一条普通的藏獒价格可达数万元，良种藏獒更是达到了百万元，纯种藏獒甚至达到了千万元。藏獒价格的上涨，让最先进入这一市场的养殖户大赚一笔。

在藏獒热的高潮期，天价交易更是让人咋舌。例如，以200万元成交的"康巴一号"藏獒在运输中动用了30辆奥迪、1辆奔驰、1辆宝马；在2014年杭州举行的豪华宠物展上，有两只藏獒更是以1800万元的价格达成交易。

被称为"中华神犬"的藏獒在内地十分稀少，价格相对高昂应在情理之中。但是，在原产地西藏，藏獒也只是一种普普通通的犬，通过地理位置的转移便可由千元涨至百万元吗？其中价格又有多少水分呢？

随着藏獒热的蔓延，藏獒的养殖规模与范围越来越大，市场上的数量也越来越多。藏獒再也不是有价无市、万金难求的稀缺物了，于是藏獒价格开始雪崩。藏獒市场后进入者赔得精光，曾经价值数十万元的藏獒被养殖场无奈当作肉狗卖给屠宰场。青海的藏獒年交易额更是从2010年2亿多元的峰值跌至 2015 年的 5000 万元，藏獒泡沫彻底破裂了。

资本进入藏獒市场曾给了一些人暴富的机会，而藏獒泡沫的破裂则给绝大多数的参与者带来了惨重的损失。藏獒天价神话已不在，可是泡沫仍在其他领域继续上演。你方唱罢我登场，下一个泡沫破灭的又会是谁呢？

## ✧ 一念之间，可荣可衰

经济泡沫击鼓传花，从荷兰的郁金香泡沫到英国的南海泡沫，从美国股市泡沫到日本泡沫经济，从我国的君子兰泡沫到藏獒泡沫，资本带来的泡沫危机不停上演。

经济泡沫期间的种种荒诞行径在如今看来甚为可笑。例如，在 1985 年，一盆君子兰可卖出 10 万元，而当时的北京平均房价也不过每平方米 300 元。明明只是几十块钱的植物，在资本的炒作下却可以上万元的价格成交，而其中存在的巨大泡沫却无人敢戳破。

为何人类不曾汲取经验教训，为何无人在经济泡沫发生时道明真相呢？探究其中，这是因为经济泡沫产生的根源是资本逐利，故事的背后更是交织着人类的恐惧与贪婪，只不过经济泡沫放大了贪婪，泯灭了理性，因此一个个荒诞不经成了现实。

要知道盲目运作资本有着巨大风险，资本的流通、运转有着自身独有的特点，当企业据此提前做好布局与规划，收益与发展便水到渠成。具体来说，资本的流通与运转有着如下三个特点：一是运转性，无法运转的资本便不能交易与流通，便好似"水中月，镜中花"，无法发挥实效。二是多样性，除了银行，资本还有着其他多种流通渠道，企业在这一过程中要清楚的是钱从哪里来，以及要到哪里去。三是增值性与安全性的有机统一，企业不能只看收益而忽视风险，在投资中要两者兼顾，做到理性投资。

资本运作是一种信用价值的流通方式。理性看待收益，以资本奠定基业，是为启荣；为利驱动进行投机则只在一念之间，是为衰始。资本投机固然有可能促成经济泡沫，给企业和社会带来损失，但是企业也决不能就此远离资本。那么如何避开经济泡沫，重构资本以获得市值提升呢？本书将在之后的章节细细展述。

## 第三节　不破不立，商业力量再聚合

短视资本行为促成经济泡沫，并对企业自身发展产生反噬作用；长期资本行为规划企业持续盈利路径，促成企业市值的增长。另外，时代背景一直都在演化，资本行为也需要适时调整，以发挥出最大的价值。

因此，企业必须重构资本，破除旧有的资本行为，以新的资本行为聚合商业力量，使企业持久盈利、长青发展。

### ✧ 破力，先破后立

机会主义与暴利思维让企业陷入资本投机的误区，它们不满于现有利润，如同赌博般地进行投资，盲目转型。投机者把自身的资本投入一个热点市场，想作为后进者挖金，结果却是市场根本不给其一丝机会，所以最后只能是一地鸡毛。

投机者看到煤矿主的无限风光，于是紧跟着去开煤矿，结果国家开始控制煤炭资源的采掘，又遇到矿井事故，结果血本无归；投机者看到房价一涨再涨，地产商一个个获得了不菲利润，于是再一次紧跟其上，结果房产拿地审批变得严格起来,房价也趋于稳定,又一次栽了个跟头;投机者看到共享这一大趋势,于是又紧跟着做共享单车、共享充电宝等项目,结果市场最先进入者已经多次融资,后进者根本难以站稳脚跟,最后又一次失败。

急功近利地将资本盲目引入不熟悉的热点领域,只能招致失败;以华丽动人的PPT来圈钱的企业,最后同样也只能迎来崩盘。

在这个浮华喧嚣的时代,有越来越多的人不再关注产品与技术,而是都抢着堵在了"风口"。他们抛弃了过去打磨产品的工匠精神,忘记了用户的真实需求,开始以孵化器包装公司,打磨商业技术书,用美丽的故事去打动投资人。在迷雾重重的资本之局中,如此便可破局?新经济的旗号并不是生机,反而是最大的风险,当外界资本一旦发现苗头不对就会无情撤出,"PPT公司"便会窒息,让曾经的市值高峰一跌不起。

在商业中,走向末路的不仅仅是投机者,其中也不乏一些看似前景无限的企业,它们有着充裕的资金、优秀的品牌、顶尖的技术、广阔的市场、强大的成本控制能力和质量保证能力,但依旧在不知不觉中失败了,如柯达之破产、诺基亚之没落、百丽之退市等。

为何破产的不是索尼、芝士等日产数码相机公司?为何被挤出市场的不是研发触屏智能机的苹果公司?为何退市的不是安踏?究其原因,企业是走向繁荣还是逐渐衰落在于是否有先破后立的勇气。

不破不立,过去的经验已经难以发挥效用了,到了必须跳出窠臼的时候了。这是一个全新的时代,企业必须破除陈旧思维的禁锢,以全新的姿态为自身资本和外界资本寻求踏踏实实的出路新规划。

### ◇ 聚力,以立获力

不管是大企业还是小企业,都时刻面临着风险的冲击,一着不慎便会坠入万劫不复的深渊。破除资本迷局，聚合商业力量，需要企业在变革中重构资本，以妥善应对困扰众多企业的不可预测风险。

每一家大公司都是从小公司发展而来的，如亚马逊公司成立于地下室，苹果公司则是在乔布斯家中的车库创立，华为当时是以2万元起家的，阿里巴巴最初的办公室在居民楼之中，这些商业巨擘在成立之初甚至不如当今绝大多数的小企业，但是它们终究成长为各自行业的标杆企业，其中起作用的是什么呢？

以苹果公司为例，在2004年的时候，苹果公司根本难以与戴尔、惠普等老牌科技公司相比，但是如今这家以创新著称的科技公司屡屡登上全球公司市值第一的宝座。那么，是什么让苹果公司撼动了这些行业领先者的地位？是什么让小公司成长为巨人？这背后的一切离不开苹果公司对资本的重构。

苹果公司改变了以往将资本投入销售的模式，而是看到了智能手机在未来生活中的广阔前景，早在2004年便投入1.5亿美元的巨大资金去研发第一代iPhone手机。资本入局加快了苹果公司的破局力量，2007年第一代iPhone上市之初便卖出610万部，市值一跃突破1000亿美元，苹果公司获得了巨大的成功。

要知道，1999年时苹果公司正处于破产的边缘，全世界都把苹果公司作为硅谷创业公司的反面教材；然而，通过瞄准未来生活范式转换，资本又紧跟其上，苹果公司扭转了局面，成为所有公司学习的运作典范。造成这种巨大反差的正是因为苹果公司敢于破除旧有模式，以聚合资本来产生巨大合力。

纵观各个企业的发展史可以发现，资本在其中发挥着重要作用。安踏将资本投入转型升级，进入高利润区，获得了跳跃式发展；而百丽则守着自己固有的庞大门店过日子，最后得到了退市的结果。Zara将资本投入灵敏供应链的设计中，铸就了快时尚的奇迹；而美特斯邦威则将资本投入电商的打造中，结果因技术问题得不到用户的青睐，甚至还影响了线下的销售。

资本的不同去向造就了不同企业不同的结果，从对比中可以发现，身处同一行业的企业，不论大小，资本的最终去向决定了它们是得到发展还是走向衰落。而对当今企业来说，把握资本方向、重构资本力量是其发展的重中之重。

于企业而言，资本有着巨大的力量，聚合并发挥这一力量，企业才能一跃而起迎来千亿、万亿市值，成为行业翘楚，这便是当今商业的破局之道。

## 第四节　死地后生，重构资本破困局

重构必然具有一定风险，而风险则意味着不确定性，意味着企业投入的资本可能有去无回甚至使企业自身元气大伤，这是任何一个企业都避之不及的。所以，即使破局之道已然明朗，实际中仍旧有很多企业缺少勇气为之付出行动。但是，国际和国内环境已然变了模样，对企业来说，重构资本势在必行。

### ◇ 风起云涌，困局何破

时至今日，世界经济形势上行趋势并不明朗，1997年的金融危机依旧让亚洲人胆寒，2008年的全球经济危机更是影响至今。

以2008年的全球经济危机来说，据权威推测，受危机影响，希腊经济倒退了12年之多，美国经济倒退了10年，英国经济倒退了8年，西班牙和意大利等国家的经济约倒退了7年，国家尚且如此，企业在发展的过程中又岂能轻松顺利？

由于起步较晚，我国企业在国际市场上扮演的角色普遍是制造商，经营的注意力更多的是放在了人、财、物、产、供、销等层面上，按照"市场运作——商业模式——结果"的路径发展。但是，这种技术含量不高，廉价但产品同质化严重的模式已经不再灵验了，已经无法适应新形势下经济发展的要求了，这种经营模式给企业带来了巨大的压力，使企业不再有吸引力。尤其是经济危机来临，国际市场低迷之时，这些企业的订单量变得寥寥无几，那些没来得及转型的企业便纷纷走向了破产。在新的时代环境下，企业要改变过去的思维模式，转为凭借良好的商业模式和资本的力量推动企业发展。资本思维是企业快速达到预期目标的关键。概括来说，资本运作的路径为：设立结果——资本运作——模式策划。当企业经过深思熟虑、各方考量之后设定了一个可行的结果后，这便是企业今后要达到的目标。清晰的目标可以使企业产生源源不断的动力，帮助企业找出这一过程中的关键点，以及解决的具体方案，然后进行资本运作，制定出相应的商业模式，落实方案。

"滚雪球"经营的传统模式，即将企业经营利润用于扩大再生产，使企业规模越变越大。国内的众多中小企业，它们完成原始的资金积累，进入扩张期时，不会资源整合和资本运作，不懂借用外部资金来增强自身实力，因此其发展也难有突破。对于企业来说，敢为人先，破除固有模式，其中有着巨大的风险，一着不慎企业将彻底退出历史舞台，再无东山再起的机会。但是，为适应新形势，破除思维窠臼势在必行，将资本运作贯彻于企业发展的始末是大势所趋，是破局之道。

### ✧ 拨云见日，重构之术

时代的变化越来越快，不管是大企业还是小企业都有可能在瞬息之间垮台，但同时，中小企业在现今的时代也有着更多的机遇，那些获得资本青睐并以资本创造出了巨大利润的小企业可以在短时间内便成长为独角兽企业。

当初不被看好的阿里巴巴，当初横空出世的滴滴出行，当初被嘲笑的 ofo 和摩拜单车，它们的崛起与资本有着千丝万缕的关系，同时它们又摆脱了过去对资本的固有利用模式，以新方式让资本产生了更大的价值，让自身市值不断迅猛增长。

因此，对小企业来说，要想以微弱之势与行业领先者相抗衡，必须重构资本，获得更高的增殖效率。那么，对小企业来说，重构之术又是什么呢？

不管资本如何重构，终归跳不出的是资本的盈利逻辑，也就是说要搞清楚如下五个问题：企业赚谁的钱？如何赚钱？如何赚到别人赚不到的钱？赚多少钱？能不能持续地赚钱？这五个问题与资本重构之术紧密联系，是企业市值得以提升的关键。

第一，赚谁的钱。这点其实是在明确企业的价值主张，当企业明白自己要向消费者提供什么服务时才能正确调动资本，获得消费者青睐，产生收益。第二，如何赚钱。这点则是在确定企业盈利模式，确保投入的资本能够产生实际效益。第三，如何赚到别人赚不到的钱。这点则是要求企业以资本开创属于自己的蓝海市场，避免在竞争激烈的红海市场中受损。第四，赚多少钱。这点其实是在明确各方的利益分配，确保企业以资本赚取的收益通过合理分配后可以继续成为资本不断增殖。第五，持续地赚钱。这点是在构建以资本为中心的良性收益过程，确保资本源源不断地产生价值。

这是一个日新月异的时代，经济发展瞬息万变。诺基亚用了 140 年的时间、联想用了 30 年的时间才使市值达到 100 亿美元，而小米只用了 3 年的时间便创造了 100 亿美元的市值。这个高速发展的时代，容不得企业踟蹰不前，因为犹豫的下一秒可能就是出局。在这样一个时代，囿于过去者亡，重构资本者生。

### ✧ 猎富时代，资本为王

对企业来说，资本并不是普通人眼中的钱，企业家赋予了钱更多的含义。在企业家眼中，钱的背后有着多种属性与价值等待着人们去挖掘，其背后隐藏的往往是附加值和资源，得以挖掘则钱就成了资本。

资本没有淡季，也没有寒冰期，资本往往会自谋出路。当经济形势好的时候，资本常常会深谋远虑，进入技术研发等环节，为未来收益谋划；而当经济形势不好的时候，资本则常常会变得非常短视，不断投机，以取得短期收益，但对未来发展其实并无益处。因此，企业要做的就是理性对待资本，不论经济形势是否乐观，都能做到以资本力量去创造最大的价值，从而创造出市值神话。

总而言之，这是一个猎富时代，资本的支配往往受利益的驱动。孙子曰："合于利而动，不合于利而止。"对企业来说则是，资本的支配要以持续盈利为"北斗星"，实现颠覆式成长。

# 第二章
# 重构资本，应对未来

> 这是一个日新月异的时代，行业固有的准则在不断地变换着；在新环境和新经济下，以前行业固有的优势已经不再是优势。为此，企业要想有发展，亟须塑造新的应对未来的优势，即重构资本。
>
> 那么，未来究竟何种企业将在竞争中更有优势，何种企业将在发展中迎来市值倍增呢？本章将告诉你答案。

# 第二章
## 重构资本，应对未来

## 第一节 失控的未来，可控的选择

这是一个经济过剩、资产过重的时代，在这个时代有大量的资产处于限制状态，同时又有大量的人处于无资源可用的烦恼之中。在资源拥有者与使用者之间的错位下，价值变得越来越小。固有的管理模式与时代之间变得格格不入，企业发展进入滞缓期，甚至倒退期。如何把低价值变成高价值，很多企业都对此感到茫然。

这是一个失控的时代。经济社会快速更迭着，商业中的既有规律被逐渐打破，过去行之有效的经营方法与策略也逐渐丧失了其作用，企业未来发展的方向变得越来越难以确定。那些没有赶上班车的企业，在慌乱中寻求转型；而那些赶上班车的企业，也不敢确定一定可以到达目的地。不管是传统企业，还是新型企业，无一例外地都在转型，在失控中摸摸索索不知何往。

### ✧ 多维冲击，未来失控

30多年前的企业，生产任何一款产品都可以卖出去；20多年前的企业，包装好产品就可以有不错的销量；10多年前的企业，提高工作效率一般就可以获得盈利。而现在，这些统统失效了。

过去，每一家企业都十分清楚自身的竞争对手，明白彼此身处的位置，看得透下一步应该采取什么策略；而现在，很多企业甚至不知道自身的对手是谁，随时都有可能会被不知从何处冒出来的对手扼住发展的咽喉，走向衰落。

例如，一直以来发展得顺风顺水的银行，受到了支付宝等在线支付软件的重重一击；一直被电视、电影等挤压但始终有着生存空间的电台，在打车软件兴起之后彻底萎靡不振了；移动、联通、电信三大通信巨头视彼此为最大的竞争对手，后知后觉中才发现微信已经取得了即时通信业务上的绝对优势。

在这个跨界打劫时代，竞争已不再是在单一维度上的竞争了，而是多维的。那些市场"入侵者"甚至并没有以市场现有进入者为竞争对手，而只是在以自己的价值主张为顾客提供服务。正如微信从来没有把电信行业视为竞争对手，而只是在为用户提供更方便、及时的沟通服务。

另外，中小型企业在市值提升的道路上，除了要面对来自跨界打劫的威胁，还需克服自身在发展中存在着的致命缺陷。传统中小型企业的商业模式大多为以现款现货从上游企业批发原材料，再以先货后款形式卖给下游客户，在同行竞争中没有什么突出之处，在上下游交易中也没有什么控制权和地位，导致利润变得越来越薄，市值一直做不大。

在过去很长的一段时间里，一家公司伟大与否是看其是否有着革新性的技术创新，现在只有技术创新已经远远不够了。市场竞争激烈而残酷，有实力的企业也可能走向衰落，不断创新的企业也可能申请破产。这个时候，不管是大企业还是小企业，都需要进行重构，以应对失控的未来，获得市值的迅猛增长。

## ◇ 选择重构，迎来未来

何种企业将主宰未来的商界？是规模庞大、产业涉及各行各业的"大象"型重式企业，还是机构简单、业务集中的"麻雀"型轻式企业，或是有着先进技术、大批人才、系列专利的科技型企业？

如今，我们很难确定哪种类型的企业一定有未来。企业过"重"，导致企业在发展中不易变革，步调迟缓，难以把握创新节奏；企业过"轻"，使得企业在风险面前难有抵抗之力，在时代更迭中轻易便被吞没；科技型企业，虽然看似前景无限，但是如今的技术革新日新月异，稍有差池便会丧失优势，由领头者成为追赶者，甚至成为没落者。

在商界，百年老店者寥寥无几，在时间的洪流之下，大多数企业淡出了人们的视线。对企业来说，守业难于创业。而面对错综复杂的未来，行业发展方向朦朦胧胧，前途命运未知，大多的企业都迷失于失控的世界，只敢跟在大方向后做个跟进者，畏首畏尾的风格让企业发展滞缓。

历史除了告诉我们失败的教训，还给了我们成功的经验。纵观世界上成功的大企业、大公司，可以发现其都在恰当的时机进行了资本重构，除了依靠企业自身发展积累的利润外，还充分利用了外部资本，将企业做大做强，发展为行业领先者和世界影响者。例如，通过对社会资本的充分利用，雷士照明发展为国内照明行业驰名品牌；在巴菲特的投资支持下，比亚迪一跃成为最有发展潜力的企业之一。

20世纪90年代初，凯文·凯利便在《失控：全人类的最终命运和结局》中预见性地判断出了当今互联网世界正在发生的一切，并认为一个更加错综复杂的世界将在未来出现。未来难测，坐以待毙只能使企业处于危机的阴霾之下，不惧风险与艰辛的重构则可为企业迎来碧海蓝天。

无序而失控的环境不是企业走向没落的借口，企业从来都不会无从选择。对企业来说，重构资本是其迎来美好未来的最佳选择。重构资本，陷入困境的企业得以重生；重构资本，发展缓慢的企业获得发展催化剂；重构资本，稳步发展的企业得以注入新的活力，获得新的利益增长点。

未来已来，企业需要通过重构资本建立自身优势，具体方法将在本书后面的章节细细道来，为企业发展答疑解惑。

## 第二节 塑造新优势，重构路线图

叵测的环境变化、未知的竞争挑战、难防的跨界打击，当今企业的生存再也不能像改革开放初期那样安逸了。面对未来的种种不可测，企业唯有重构方可寻得出路。

资本是商业社会的最高点，资本设计是所有业态的顶层设计。因此，重构资本是企业塑造新优势的最佳选择，是企业始终占得市场的强大利器，那么具体来说企业要依靠什么进行重构，以及从哪几方面规划重构呢？

### ✧ 重构资本，两种力量

企业在重构资本的过程中可以依靠外部和内部两种力量来提升市值。其中，外部力量指企业的融资渠道，内部力量指企业的无形资本。

中小型企业在发展的过程中，最常遇到的难题便是资金断链。资金是企业的命脉，是企业生存和发展的保障，关系着企业的生死存亡。不管是后起之秀，还是实力充足的大企业，在资金断链之下都难以得到发展。例如，最好骑的小蓝单车在资金断链后走向了破产，乐视因资金断链陷入了巨大的危机之中。

因此，一个企业要想步入发展的"高速公路"，必须解决企业发展过程中的融资问题，如此才能进入稳健的成长期。具体来说，企业可以利用二板市场、借壳上市、对外发债、信贷融资、合伙人模式等来获得融资，解决资金问题。关于这些渠道具体如何运用，可参见本书第三章的内容。

企业除了要通过融资获得稳定的资金流外，还需要从内在提升自身价值，即通过无形资本让企业的市值更具分量。

无形资产是企业发展的稳固支撑，是企业遇风雨而不倒的坚强后盾。诸如品牌、技术、产业价值链、企业文化等无形资产具有着巨大的价值，它们可以化为企业持续发展的不竭动力。例如，可口可口的百年延续离不开其在品牌上的成功塑造，苹果公司数年成为全球最具价值公司离不开其在技术上的耕耘，电商交易额的连年攀升离不开产业价值链的成熟，华为公司成为中国骄傲也离不开其企业文化的完善与贯彻。关于企业无形资产具体如何塑造，可参见本书第四章的内容。

从外解决融资问题，从内提升无形资产价值，将这一内一外两个方面有机结合进行资本重构，就可以转化为企业在新环境下的优势，让企业市值得到持续性的稳健增长。

### ◇ 重构资本，四个方面

对企业来说，重构资本是应对未来的必然选择，但是重构并不是贸然进行的，而是有方向、有规划的。企业要想通过重构取得好的效果，必须格外注意如下四个方面，即顶层设计、路径选择、创新、核心竞争力。

顶层设计本是工程上的学术名词，用在企业管理上则指以全局的视角对企业管理的各方面、各层次、各要素进行全面考虑，明确企业目标并为其制定适合的战略、价值逻辑、组织结构，从而提高企业效益，带动市值提升。关于企业具体应如何进行顶层设计，可参见本书第五章的内容。

路径选择指企业在发展中需要格外注意的方向。首先，企业要进入高利润区，当企业掌握了这一市场便可以确保获得足够的利润，在竞争中占据优势；其次，企业要做好风险管控，企业做的任何决策都是有风险的，那些规避了风险或者当风险发生时采取措施降低风险影响的企业在发展中更具韧性；最后，企业要确保资本行为的后续价值，当企业的一个行为能够持续不断地带来收益时表示着企业已经踏上了长青之路。关于企业具体如何进行路径选择从而提升市值，可参见本书第六章的内容。

创新是企业能否坐拥市场的关键一环。很多大企业有着雄厚的资金与实力，但是却守着陈旧的模式不肯改变，导致大厦倾塌，落寞收场。因此，一个不肯摆脱陈旧模式、不肯创新的企业注定将在市场上销声匿迹。此外，企业的创新不是毫无方向、随意而为的，创新要紧跟时代潮流，把握发展趋势，让创新与企业发展紧密地结合起来，让企业的每一份资本都得到最大价值的利用。最后，企业在创新的过程中要重塑业务系统，从商业模式上对企业进行革新，让整个资本运作更具效率，从而实现市值最大化。

核心竞争力是企业塑造优势的关键，为了在竞争激烈的市场上获得稳固发展，企业必须修炼好核心竞争力这一内功。首先，企业要整合自身的关键资源，寻找并放大自身优势；其次，企业要及时更新盈利点，以适应不断变化的消费者和市场；最后，企业要重组自身的商业逻辑，从内在让企业更加强大。关于企业具体如何优化核心竞争力，可参见本书第八章的内容。

以上便是企业进行重构资本的四个方面，这是企业塑造竞争优势，让企业市值得以提升的制胜之道。

## 第三节　资本与市值，发展与逻辑

　　这个世界上有一种柔软的材料叫石墨，它的基本构成元素是碳元素；这个世界上有一种坚硬的材料叫钻石，它的基本构成元素还是碳元素。石墨内部的碳元素以层级结构结合，而钻石内部的碳元素则是按照菱形的结构进行组合。同样是碳元素，因组合方式的不同，形成了软硬度迥异的两种物质。

　　同样是电子商务，唯品会却远不如淘宝；同样是打车软件，大黄蜂却在滴滴的盛世之下，销声匿迹；同样的行业，却会出现不同命运的企业。就如同石墨与钻石，拥有同样的碳元素，却因结构不同，形成天壤之别。

　　所以，对于企业来说，要想变成坚不可摧的"钻石"，就需要将企业中所拥有的无形资本进行重构，这样，企业才能挖掘出潜在的价值，迈进市值为王的时代。

### ◇ 这是一个怎样的时代

　　这是一个怎样的时代？

# 第二章
## 重构资本，应对未来

这是一个市值为王的时代。

企业在一代一代的更迭中经历了三种战略。一种为利润流战略，利润对于企业来说似乎是一件神圣的东西，所有的企业在初兴之际都在追求利润，以利润流战略维持着企业的生存。然而，企业很快便发现，价格与销售数量之间的冲突，使得利润无法保持在一个平衡的维度。

为了结束这种矛盾，企业将利润流战略重新洗牌、组合，形成了现金流战略。它们不再一味地追求利润，而是通过平价销售的办法，从供应商方面进行融资，从而获取数百亿的现金。

在今天的实战中，可以发现，一家企业拥有了现金流便不会消亡。然而，企业并不仅仅是为了存活才出现在市场中，它们的存在需要具有更大的意义，而要想寻找到更大的生存意义，便需要寻求一个更高级的战略。如此，市值战略应运而生，市值成为企业新的生存目标。

从学术上来讲，市值是指一家上市公司的发行股份按市场价格计算出来的股票总价值，其计算方法为每股股票的市场价格乘以发行总股数。以公式来计算就是，市值＝这个公司的总股数 × 当前股价，比如 A 公司总股本 100 万股，股价 10 元/股，那它的市值就是 1000 万元。

市值代表了公司在市场上实现的价值，是衡量资本价值最好的方法。通俗来讲，市值就是企业的价值，即一个企业值多少钱。就如同一件商品，即使它是一枚小小的曲别针，只要对消费者带去了帮助，那么它就产生了价值。价值分大小，企业的市值同样如此，只有产生大的市值，企业才能吸引更多的"消费者"。

其实，市值战略最早流行于西方，苹果公司之所以能成为世界上一流的企业，就是因为苹果公司深谙市值的重要性。市值就像是企业的一张超级名片，吸引着投资者的眼光。

如今，在市场中摸爬滚打数十载的中国企业家们凭借其多年的"战争"经验，敏锐地嗅出了企业发展的一条捷径——市值。例如，滴滴、小米、摩拜等，它们看准了追求市值为企业带来的发展意义，也明白市值为王的时代正在逐渐逼近，因此，它们便率先以市值思维迎合时代的大势，以市值思维打破企业经营的僵局，以市值思维颠覆资本市场陈旧的商业模式。

市值提升的最大基数在于用户，在于用户的贡献率，用户是企业市值最大化的主要因素。也因此，才使得拥有大量用户的滴滴、小米等企业，即使倒贴钱，它们也依然屹立在市场中，不曾被摧毁一丝一毫。

### ◇ 站高一线，重构基因

如今中国的大背景已经进入资本运作的时代，企业通过金融资本的力量，使得自身的规模与实力得到快速的提升，从而优先占领竞争制高点。而对于企业来说，资本运作的终极目标是企业的市值。

在市值为王的时代，企业的市值是其隐藏的无限财富，而非资本。换句话说，如果将市值看为1，那么资本便是0。没有1，后面的0便全是泡沫。所以，企业竞争的制高点是市值，只有创造了市值，企业才能获得源源不断的资本，也只有创造了市值1，资本0的增加才能使企业不断增值。

如今的社会资本非常充裕，企业要想获取资本，便要以提升市值为主要力量。因此，企业需要重构自身的无形资本，重新转化企业基因，做有市值的企业，挺进市值为王的时代。重构意味着企业要有巨大的勇气来进行颠覆、创新、重生，一旦成功，便会将企业提升至更高的层次与境界。

2011年，森马登陆A股，随后市值便上升为448.9亿元，成为中国服装业第一股。然而在之后的几年时间里，森马的市值却一直处于腰斩的状态。股市暴跌背后，是资本市场对服装行业的放弃，很多投资者认为，中国的服装市场已经度过了爆发期。

## 第二章
### 重构资本，应对未来

森马在2012年到2015年三年内，共关闭943家门店。面对这种局势，森马毅然决定逆势扩张，从企业内部开始重构创新，重新制定战略部署。

第一，森马将主战场由成人服装转至童装市场。王孝通在《中国商业史》中曾说："浙人性机警，具敏活之手腕，特别之眼光。"在服装市场低迷之际，森马旗下的童装品牌巴拉巴拉堪称"异军突起"。森马董事长邱光和说："作为服装人要始终关注人口结构的变化。"现如今，儿童在每一个家庭中的消费占比为28%以上，尤其是二胎政策的开放，中国的童装市场正在逐渐走向火热期。巴拉巴拉便以此为方向，提出打造"极致单品"的思维。

2017年上半年，森马发布的报告显示，森马童装产业以22.47亿元的营收占总产业比例的51%。目前，巴拉巴拉的国内市场占有率达到5%~6%，稳居行业甚至是亚洲第一。"巴拉巴拉需要寻找新的增长点。"森马常务副总裁徐波告诉《中国企业家》记者，"正确的打法是关注终端市场，永远去关注不断翻新的客户人群，并满足消费需求。"

第二，对供应链、产品、渠道进行改良。森马与一众国内服装品牌都运用了"横向一体化"的虚拟经营模式，然而这一模式也存在弊端，即如果无法增加企业无形资产，如品牌效应，轻资产就会压低公司市值。

为了增加企业的无形资产，提升企业市值，森马从供应链到营销渠道进行了全面的改革。2012年，森马关闭了多家效益较差的店面，同时对产品系列类型也进行了删减，保留了较受欢迎的系列，上游供应商的数量因此减少。2014年，森马将供应商从原来的300余家调整到70余家，并对供应商进行品质管理，保证了产品的质量与订单的稳定性。

第三，森马将主要营销渠道由三四线城市改为一线城市及购物中心。2017年是森马大力进军一线城市、与购物中心大力合作的元年。在一二线市场，森马将以直营为主，在供应链方面，也尝试加入时尚买手制度。

2012年，森马一件产品从设计到销售的时间为9~10个月，现在已缩短至2~3个月。

2017年上半年森马总市值达228.44亿元，森马甚至制定出在2021年实现800亿元的销售目标，成为市值超千亿企业的战略目标。

森马在经历了市值一度腰斩的困境之后，重新翻身，在2017年上半年服装上市公司市值排行榜中位居第三。其中的坎坷自不必说，然而，这一切还是因其有着破釜沉舟的决心与勇气，以重构资本的无畏姿态占据市值的制高点。

众所周知，做企业离不开资本，然而，资本也离不开市值。在未来至少十年的时间里，市值将会盘踞在市场的上空，企业要做强、做大、持续发展，便要打造出值钱的企业，重构资本是其提升市值的必然逻辑。市值为王的时代已然来临，要想在资本市场获得话语权，提升市值是唯一的选择，只有将市值与资本相互连接，企业才能在市场中精彩地活着。

## 第四节　企业的未来，市值的管理

资本与市值之间的关系密不可分。当资本在商业活动中扮演着越来越重要的角色时，与资本有关的一系列问题也一一出现。市值就是资本随着商业活动的发展而产生的结果。企业市值的提升离不开资本的运作；企业管理市值，也是对资本运作的管理。

2017年，贵州茅台集团市值突破5000亿元；2018年1月15日，茅台集团市值首次突破万亿元，成功吸引了社会大众的热切关注。从2017年突破5000亿元，到如今的突破万亿元，贵州茅台集团向广大中小型企业等一众"围观者"传递出了一个什么样的信息？

### ◇ 市值，以信用为本

实现市场规模从0到100亿元的改变，全聚德用了100年的时间，摩托罗拉用了20年，丰田用了10年，小米用了1年；实现销售额从0到100亿元的转变，大众汽车和可口可乐用了近1年的时间，而淘宝只用了1天。

从这些企业发展的数据来看，达到同样的市场规模和销售额，不同的企业所花费的时间，可谓是千差万别，长的可达100年之久，短的仅用了一天。那么，小米和淘宝为什么能够超越百年老店，在短时间内实现从0到100亿元的改变？它们依靠的不是时机，不是思想，更不是上帝之手，而是一种神秘的"工具"——市值。

在当下的商业活动中，市值早已不再是新鲜的名词。市值，牵动着一众大大小小的企业和投资者的神经。追求市值的提升，是大多数企业的目标。一家上市公司市值的波动，更是可能影响到企业、投资者、股民等多方利益。在这个市值为王的时代，不关注市值，不努力提升市值，企业便很难得到最好的发展。

然而，将目光投向茅台集团，我们可以发现，对于市值破万亿，集团并没有表现出过多的兴奋，集团的重点，仍旧是专注主业——高品质茅台酒的生产。这是什么原因？市值突破万亿之后，茅台集团的股价又有所下跌，在短短几天之内，其市值又降回到9000亿元左右。茅台集团的市值大小虽有反复，但总体来看，其市值随着集团的发展一直在平稳上升。

从计算市值的公式来看，股价的高低决定了企业市值的大小。然而我国股市发展尚不完善，影响股价的因素众多，股价时高时低的现象较为常见。茅台集团此次市值突破万亿元，无疑受到多种外在因素的影响。因此，作为企业的管理者，必须理性看待市值，不仅不能一味追求股价的提升，更要认识到影响和决定市值大小的深层原因——盈利能力、企业形象、投资者的信心等，努力做到使企业实力与企业市值相统一。

市值，是商业文明社会发展至今的产物。商业活动的本质，就是人们对未来预期的一种信任。从商业的角度来看，信用何尝不是一种金钱概念。基于信用，商业活动才得以出现和不断发展，社会财富才得以不断地被创造和累积，人类的生活水平才得以不断提高。因此，无论是盈利能力、企业形象,还是投资者的信心,其提升都与信用脱离不了关系。

市值的背后,是信用;市值,以信用为本。

### ✧ 市值管理,迎接未来

市值以信用为本,若信用缺失,一系列的经济问题和社会问题便会出现。因此,市值也需要管理。

2014年5月,国务院出台了《关于进一步促进资本市场健康发展的若干意见》。该文件明确提出"鼓励上市公司建立市值管理制度"。市值管理也因此受到了企业管理者和投资者等极大的关注,成为企业发展中不可忽视的一个问题。

市值管理是企业管理的一个重要组成部分,旨在为公司股东创造最大价值,充分提高和发挥资本的运作效率。市值管理有着丰富而复杂的内容,企业管理者必须将其作为一种长效组织机制来建设。

企业管理市值,不仅是对企业的负责,更是对投资者的负责,对市场经济的负责。正如吴锦才所说:"就上市公司而言,经过投资者和经营管理层的努力,基于市场环境,充分运用证券市场的规则,积极进行资本运作和资源配置,进一步提升公司内在价值,维护股价的基本稳定和持续增长,是对投资者的天赋责任。"

毋庸置疑,加强市值管理对当下企业的发展有重大意义。当然,明智的企业家早就对市值管理做足了功课。无论是曾经参与竞购优尼科的中海油,还是花费三年时间成为世界第八大券商的中信证券,抑或是当下已达千亿市值的房企万科,都展示出了重视市值管理为企业发展带来的益处。

对于上市公司来说,敲钟上市只是上市过程的终点。能否真正实现成功上市,为企业赢得更多发展的资金,取决于公司能否在敲钟之后漫长的市场沟通与市值管理中取得成就。管理市值,意味着公司在敲钟之后,要经常与市场进行沟通，活跃在股票市场，而不是平时不露面，只等到公司需要融资时才出现。只有与市场保持良好的沟通和互动，公司才能在股市吸引更多投资者的注意。

市值管理需要良好的股票市场交易环境作为支撑。一个较为完善的股票市场，不仅需要雄厚资金的参与，更需要有大型上市公司作为其他上市或未上市的公司的标杆；不仅需要富有弹性的价格机制来调节过高或过低的股价，更需要建立良好的信息传递机制，以及为数众多的理性的投资者。

我国股市建立时间较晚，发展不够完善，导致企业的市值管理也存在一些问题。弱有效的股市现状使得上市公司的市值变化无法准确而及时地反映企业内在价值的变化，仅仅依靠市场手段很难解决股市发展中遇到的所有问题，因此，国家相关部门要加快完善相关法律法规，规范企业和投资者行为，为市值管理提供一个良好的受到法律监管的市场环境。

总而言之，市值管理的目的不是让企业实现一夜暴富，而是让企业在这个资本运作的时代，学会利用资本杠杆，进一步提升企业的经营水准，做大、做强企业和市场；在保持企业业绩稳定上升的同时，提升市值，使企业的相关利益体都得到最好的经济回报。

企业的未来不可预测，但可以确定的是，对于企业来说，提升市值，将不再只是企业发展追求的一个结果，市值也需要管理。懂得如何管理市值，将成为每个企业在不可预知的将来所必须做到的事。只有掌握市值管理的技巧与方法，方可使企业奔向更加广阔的未来。

# 第三章
# 市值裂变的外部力量

如今企业处于一个快速迭代的时期，过去的经验和思维难以适用于当下，企业在发展之路上也变得更加艰难。此时，企业唯有懂得反思才能掌握生存的主动权。

在激烈的竞争中保持并扩大市场优势，企业需要在资本运营方式上有一个突破。这是因为，资本始终决定着一个企业的生死存亡，而制胜捷径便是从外部迅速融资，解决发展中的融资难题，实现企业的市值裂变。

在激烈的市场竞争中，谁能解决融资渠道问题，获得市值裂变的外部力量，谁便能拥有经久不衰的企业未来。据此，本章将从二板市场、借壳上市、对外发债、信贷融资、合伙人模式这五种不同的外部融资渠道为立足点，逐一阐释企业应如何借助外部力量进行资本优化与重构，迎来企业市值的倍增。

# 第三章
市值裂变的外部力量

## 第一节 小公司更要懂二板市场

"中小企业融资难"的问题广泛存在于世界各国,这也是中国的中小企业长期以来在发展之路上的羁绊。即使现在已经发展到很大的企业,在它们的成长期,似乎都遇到过资金的瓶颈和不能言说的隐痛,如"贷款难""融资难"等问题。

但是,海外主板市场上市的高昂费用及其时间成本,让广大中小企业更是望而却步。还好我们处在一个最好的时代,现在我国政府已经开始重视小公司对经济社会的贡献和发展,随之也出台了有关政策,解决制约小公司发展的"融资难"问题。

今天的中小企业为什么更要懂上市?这其实是新经济时代给予小公司的最大福利,你不去热烈地拥抱资本带来的狂喜,必会承受错过市值时代带来的巨大失落。

### ◇ 紧抓时代机遇,拥抱资本

如今,出现了专门针对"中小企业融资难"问题的上市渠道,即二板市场（也称创业板、中小板）。目前，二板市场不仅是中国中小企业一个热议的话题，它的诞生也为中国中小企业融资渠道提供了最佳路径之一。

二板市场是主要为新兴中小企业解决融资问题，帮助其进行业务拓展的资本市场。二板市场在服务对象、上市标准、交易制度等方面与主板市场有着明显的区别，是对资本市场的一种有力补充，象征着资本市场的进一步完善。例如，我国上海证券交易所开设的创业板和深圳证券交易所开设的中小企业板都属于二板市场，它们为我国中小企业的上市与发展发挥着明显的推动作用。

在世界证券行业的发展历程中，创业板的出现最初是以中小型公司为主要服务对象，而主板市场服务的对象则是大型成熟的公司。创业板与主板市场的不同在于前者更看重一个公司在未来的发展前景与潜力，属于具有前瞻性的市场，其上市标准低于主板市场。

在中国，二板市场的主要服务对象就是中小型企业，其有一个特殊的功能，即创业资本的退出机制。中小企业的发展依赖于二板市场提供的良好融资环境，二板市场的筹资功能可以有效改善中小企业的投资需求，还可利用竞争机制淘汰市场前景黯淡的企业。

由此看出，一场资本市场秩序的重构正加速在国内进行着，而这一涉及多方利益纠葛的重构过程正有效地改善着资本市场的生态环境，也让很多困扰投资者的问题，再次成为业界关注的焦点。

在这里需要企业注意的是，二板市场的高收益是基于其高风险特征的，因此无论是个人投资者还是机构企业，都应该制定可行的上市前的投资、防范和化解风险策略。

对小公司而言，二板市场的发展确实能为自身发展提供更为便捷的融资渠道，也可营造一个风险资本正常的退出机制；对于投资者而言，创业板的风险与其回报成正比例，也就是高风险等于高回报。

这也充分说明一个道理：当你大胆地拥抱资本的同时，资本也将回馈你意想不到的收获。二板市场的高回报率让中小企业迎来了市值暴涨的春天。

同时我们也可以看到一种新型创业投资的资本路径，这不仅是企业快速发展的融资渠道之一，也为中小企业通过二板市场实现市值裂变提供了良好的外部环境，最终通过资本的力量，使小公司顺利走上做大做强的市值倍增之路。

### ◇ 有哪些钱是你该赚而没赚到的

如今，在国内实体经济转型升级的背景下，企业家们对资本市场有了更加殷切的期待，而企业上市后的主要功能之一便是"服务实体经济、助力供给侧结构性改革"，当然，前提是不会发生系统性风险。下面来看看江苏的一些中小企业是怎样运用上市资本来赚那些你该赚而没赚到的钱的。

江苏省有个江阴市，那里的民营经济异常发达，被称为"中国制造业第一县"和"中国资本第一县"。从1997年江阴第一只股票"兴澄股份"登陆深交所到2016年为止，"江阴板块"已经增至45家，江阴上市（挂牌）企业累计直接融资702.8亿元，市值超过3000亿元。其中有很多上市公司都是中小企业。

这么小的一个县级市能有如此的经济发展规模，不能不说是个奇迹。能够聚集这样多的上市公司，还都是民营企业，单凭这一点就足以与北上广深相媲美。有人认为，是江阴把握了历史的发展机遇，并且加上善于运作资本，在通过上市募集到大量资金后，依然能够坚守主业，让资本服务于实体，没有脱离实体转战虚拟经济。也有很多经济学家质疑"苏南模式"对市场经济的不适应，但事实证明，这么多年走过来，"苏南模式"并没有衰落，而且，江苏的实体经济一直呈现兴旺的状态。

进入20世纪90年代以来，江阴市的一些企业家通过投资、兼并、控股等方式，大胆实行资本经营，在做大做强主业的同时，实现了企业产业结构的调整和不断优化升级。由此看出，资本只要运用得当，就会让企业获得可持续发展的不竭动力。反之，实体衰落、虚拟强大的局面，则可能会让经济的发展受到严重阻碍。这个方面，有些企业的经验教训值得企业家们深思，上市到底是为了什么？

在这里需要提到的是，随着实体和传统行业遭遇互联网、新商业模式的冲击，面临利润低下，投资价值不高，造成有些上市企业在募集到资金后，并没有用钱去发展公司，反而把大量资金投向了"野蛮生长"的理财产品。究其原因，主要是资本的的趋利本质，如今实业整体缺少对资本的吸引力。上市公司的这种"不务正业"，长期发展的结果，必定会造成脱实向虚的产业空心化问题。这种上市企业对资本的管理我们称之为伪市值管理，它会有什么样的结果呢？

2017年以来，不断有股票出现盘中闪崩，这无疑是脱离上市公司基本面、操纵股价式"市值管理"走向末路的标志。一些进行伪市值管理的企业，由于股票行情的大幅震荡，使得那些参与"市值管理"的私募杠杆资金，在临近平仓线时必须要找到外援资金，否则只能等着被强平，一些伪市值管理者临近破产甚至破产。

市值管理是指企业建立的一种长效组织机制，它能为股东创造价值，提高资本效率，是企业管理的重要组成部分。正常的市值管理可以有效地提高上市公司的资本运作效率，让企业赚到应该赚到的钱。市值管理虽然和股价有一定关系，但过度关注股价、而不关心企业的产业发展、业绩表现，甚至不惜与私募等机构联手操纵股价，无疑是对市值管理的亵渎。

由此看来，市值管理并不是在资本市场一夜暴富的投机行为，而是让资本真正服务于实体的发展，让企业真正强大，走得更远的正道。

上市企业在手中握有大量资金的同时，更需有抗拒金钱诱惑的强大毅力，坚守主业，用资本杠杆把企业经营得更好，用资本运营将企业的主业和市场做得更大，在业绩可持续增长的基础上，让市值稳定上升，以此实现对股东的最好回报。

阿基米德说："给我一个立足点和一根足够长的杠杆，我就可以撬动地球。"对于中小企业来说，上市就是这样一个支点，优秀的民营企业与小型企业通过上市，可以借助资本的强大力量迅速扩张和发展。

## 第二节　价值最大化的"共享"上市

在上市公司中，有一种特殊的存在，它们的业绩不佳，甚至进入亏损行列，其股票的表现更是萎靡不振。这些上市公司的股票被称为垃圾股。但是，垃圾股并不是垃圾，其上市的身份可以"共享"给寻求上市的公司，达到资源最佳利用的效果。

很多中国企业要实现上市的目标，需要耗费三五年甚至十年之久。在当今快鱼吃慢鱼的时代，如果一个企业要等十年才能解决融资问题，生存就已经难以为继了。这种情况下，应该怎么办呢？那就是共享"壳"资源，即借壳上市。

借壳上市不仅成本低、用时短，而且拟上市企业通过买壳的途径上市，可以避免直接IPO的高费用并百分之百保证获得上市资格。借壳上市后市值暴涨最快、资本重构最成功的典型非顺丰和360莫属。

### ✧ 企业为何要借壳上市

近两年，很多公司对上市趋之若鹜，几乎都在酝酿上市计划。从"四

# 第三章
## 市值裂变的外部力量

通一达"这五个快递巨头相继上市敲钟后，各互联网行业的巨头也都对上市跃跃欲试。腾讯旗下子公司阅文集团成功登陆港交所，首日开盘仅一个小时股价就翻了一倍，市值倍增至 1000 亿港元。搜狗登陆美国纽交所，CEO 王小川带着母亲一起敲响纽约上市钟声，开盘价报 13 美元，与发行价持平，市值达到 50.96 亿美元。

虽然上市带来的好处很诱人，但不是所有的企业都有机会上市，尤其对一些资金匮乏的民营企业来说，想要获得上市额度，就得去寻找其他的方法，买壳上市显然成了这些企业上市融资的"捷径"。

360 等不急 IPO，直接借壳江南嘉捷回归了 A 股。作为"永不上市三大家"之一的顺丰同样是连 IPO 都等不及，就借用鼎泰新材的外壳宣布上市了。

那么，什么是借壳上市呢？借壳上市是指一家私人公司通过把资产注入一家市值较低的已上市公司 ( 壳 )，得到该公司一定程度的控股权，利用其上市公司地位，使母公司的资产得以上市。通常该壳公司会被重新命名。借壳上市似乎是一个近乎完美的概念，买"壳"的一方很快实现了自己快速融资、提升市值的愿望。而卖"壳"的一方也可以实现资产的再次重组，让陷入困境的企业找到一个翻身的机会。由于国内 IPO 的排队时间较长，对于个别等不急的企业，或者是暂时还不具备上市条件的企业来说，借壳是一个可以在 A 股快速上市的捷径。

虽然不上市也有红利，然而世界上还没有什么红利能够让一个公司抗拒资本的力量。

可以说，借壳上市是一个很好的利用资本杠杆赚钱的商业活动，仅 2017 年，中国 A 股的 IPO 发行数量就已经位居世界第一。"永不上市三大家，华为顺丰老干妈"是国内商界流传的一句顺口溜，而顺丰已经成为第一个食言的企业。

王卫在2011年接受采访时说:"上市的好处无非是圈钱,获得发展企业所需的资金。顺丰也缺钱,但是顺丰不能为了钱而上市。上市后,企业就变成一个赚钱的机器,每天股价的变动都牵动着企业的神经,对企业管理层的管理是不利的。"然而,王卫最终还是收回了自己的公开言论,并且出乎意外地在一年内迅速完成了"上市圈钱"的计划,欢快地融入了资本市场。

一方面,快递行业由于价格战及用人成本的提升对资本的需求越来越大,迫切需要另一种融资渠道解决当下资金问题;另一方面,国家一些外部政策的推动也是主要原因之一,例如,2016年10月,国务院发布支持快递企业兼并重组上市融资的相关文件。面对快速增长的行业现状,上市可以提高快递企业的抗风险能力,以及寻找一种能够促使市值快速产生裂变的外部力量。

这种从坚持不上市到借壳上市的转变,显然是顺丰对资本的渴求已经不能自已。2017年2月24日,顺丰控股成功借壳鼎泰新材在深交所登陆A股,当家人王卫的个人身价一跃超过百度李彦宏达到了1300亿元。顺丰股份一路风生水起,市值暴涨之时,人们更是接受了顺丰"食言"的现实,但上市成功确实"肥"了顺丰。

同样采用借壳上市的渠道,360借壳江南嘉捷成功上市深交所对中国互联网资本市场的资本重构过程产生了深远的影响,而此次360成功上市后的市值也将再度引发全行业的关注。

### ◇ 搭上市值时代的"顺风车"

360的掌门人周鸿祎在其《颠覆者:周鸿祎自传》中,这样描述他内心的波澜:"我知道,私有化一旦启动,再艰难也必须完成。这如同在战场上,你的枪膛里只有一颗子弹,你需要一击而中。这就像我职业生涯里的又一场前途未卜的豪赌。"

事实上，360早在2011年就已经在美国纽交所上市。虽然360的股价下跌了，但其业绩一直处于增长之中，因此，周鸿祎认为93亿美元的最终估值并不足以体现360的公司价值。如果中概股（全称"中国概念股"）在国内A股市场的估值明显高于海外市场的同类公司，那么国内的A股公司更容易募集到大量资金，实现财富的迅速积累。

当然，360与江南嘉捷的此次合作不负众望，江南嘉捷实现复牌后股价也水涨船高，周鸿祎的身价一举超越刘强东飙升至880亿元。360借壳江南嘉捷后的公司总市值已达到3762.81亿元，一举超过美的集团、浦发银行、万科、中国中车等巨头。

受国内政策影响，正在私有化的360、当当、人人、陌陌等中概股股价一度跌宕起伏。但在证监会明确相关政策之后，即对于这些企业回归A股市场的有关规定及政策不会有任何变化，让中概股资本的回归有了更大的希望。360正是在这样一个背景下于2016年年底完成了私有化，而360这样一个充满波折的"回家"之路对未来中概股的回归有着重要的借鉴意义。

可以说360的成功借壳上市既是一场豪赌，也是一次市值裂变的重生。

今天，一个企业如不懂得借助外部力量快速融资就等于失去了发展的命脉，一个不能把握自己命脉的企业，其结果可想而知。

在资本市场时代，最先抓住上市契机和资本的企业将会在未来通过并购重组进一步发展壮大。通过借壳上市的融资渠道催生了国内企业的多只独角兽，并且它们开始将行业竞争的战火烧到了资本市场，搭上市值时代的"顺风车"，向市值挑战！

## 第三节　谁都可以有的最大资金池

对现在的很多企业来说，资金链断裂、借贷困难，融资就像是一件很难完成的事情。面对严峻的经济形势和全球一体化的大趋势，企业要想渡过难关，必须找到其他可实施操作的融资渠道。

融资渠道的多样化成为必然要求。近年来，伴随着国内债券市场的发展进入快车轨道，中国企业和非金融机构奔赴金融市场发行人民币债券的热情日益高涨。此举也被业界看作是企业解决融资困局的一条新路径。

### ✧ 打通国际资本市场通道

随着国家"一带一路"倡议的实施，各地自贸试验区正在逐步建立中，城市与城市之间的开放程度正在进一步提升，在政策红利的引导下，越来越多的本地企业放开眼界，开始选择"走出去"的融资战略，纷纷走上国际资本市场的舞台。

对外发债，主要针对企事业单位、国家机关、外商投资企业和金融机构这些境内机构，一般以外币的形式发行于境外金融市场上，是一种具有债权性质的有价证券。对外发行债券主要是为了募集资金。

目前离岸美元、离岸人民币、欧元债券是中资企业发行的几种主要债券形式。企业根据自己的优势和性质选择合适的结构和业务进行境外债券融资，如此，企业境外资金可以安全回流境内，让多种资金的回流渠道被彻底打通。

以 A 企业为例，母公司为 A 企业提供维好协议（即母公司不作为担保的情况下，以自己的方式尽量维护和保持 A 企业的良好运营状态，以便 A 企业按时偿付债券本息）、股权回购以及流动性支持承诺发行 9 亿美元的海外债券。

A 企业采用的非担保增信这种结构的海外发债模式，为企业债务结构方面的优化和融资成本的降低开辟了一条新的渠道，同时对中国境内企业采用境外发债募集资金有着很好的借鉴作用。

另外，这种海外发债模式成功实现了企业跨境募集资金的使用，打通了企业国际资本市场的通道，让企业的融资渠道更加多样化，也为有相同需求的企业提供了案例借鉴。需要注意的是货币汇率波动的问题，以免造成不必要的汇兑损失。

此种对外发债模式具备较强的可复制性，它可以让有海外并购和海外建设项目的境内企业有效地降低融资成本，也是企业提升市值的可靠路径之一。

### ◇ 发债模式的创新之路

说起发债，可能很多人会认为这是大中型国企和有实力的民企才玩得起的资本游戏，中小企业往往因为评级过低、无担保，被挡在债市大门之外。但是，面对如此困局，仍然有中小企业通过创新对外发债的方式融资成功。

比如，苏州旭杰建筑科技股份有限公司（以下简称"旭杰科技"）在债项和可转债主体皆无评级、无担保的情况下，以 AA 国企级的融资成本成功发行双创可转债。这样的低成本融资行为，源自可转债的债权性质和对投资者的巨大吸引力。

2017 年 9 月 22 日，由上海证券交易所、全国中小企业股份转让系统有限责任公司、中国证券登记结算有限责任公司三者共同制定并发布了《创新创业公司非公开发行可转换公司债券业务实施细则（试行）》，此举为双创中小企业的发展奠定了融资便利的政策支持，标志着双创私募可转债方案的正式落地实施。

双创可转债一般是针对创新创业公司的一种不公开发行的可转换公司债券。可转债是一种债券品种，由两部分构成，即公司债券和附加在此基础上的发行人股票期权。2017 年 10 月 16 日，旭杰科技成为上交所第一个双创可转债券发行成功的新三板企业。

旭杰科技在新三板上市之后，经历两次定向增发和一次双创债券募集资金总计 3960 万元，但是，通过二次募集资金仍然无法解决企业迅速扩张所需的资金问题。此时，双创可转债的利好新政让旭杰科技彻底解决了制约其发展的资金瓶颈。

目前，融资难题是像旭杰科技这样的新三板创新创业中小企业共同面对的发展瓶颈。有很多类似的中小企业拥有很好的行业基础和发展前景，只是苦于缺乏扩大规模和提升企业资质的资金来源，经常面临资金链紧张、银行断贷的风险，因其难以承受定增的严苛协议，利用资本市场发行债券的可能性几乎为零。但是，双创可转债的 6 年期利率只有 6.5%，发行额度非常灵活，最少可以 1000 万元，最多也可以几亿元，弥补了银行信贷"长投短贷"的风险，对创新创业中小企业来说，无疑针对性地解决了它们的融资难题。

未来，双创可转债券随着制度和政策的完善，将会为更多新三板创新层中小企业解决发展中的融资困局，可能会成为中国多层资本市场中一个为中小企业发债融资的新渠道。

对外发债的融资方式实际是一种加杠杆的商业行为，企业利用它可以得到快速的发展，解决当下的资金困难，当然，用得不恰当也可能让你随时陷入万劫不复的境地。当前，希腊债务危机再一次映入人们的眼帘，其是否有能力偿还债务成为世界各国关注的焦点。

国家同企业一样，是个巨大的商业体，国与国之间也存在金钱借贷的关系。2001年加入欧元区的希腊，利用发行国债的方式进行融资，解决本国经济发展中的资金困难。然而，由于其发行的债券越来越多，导致希腊政府已经无力偿还。虽然中间多次得到欧洲央行和国际货币基金组织的资金支援，但希腊依然面临借钱度日的现状，来维持国家发展。如果情况一直不能改观，没有国家会再借给它一分钱，那意味着离破产的境地也不远了。

综上所述，充足的资金是保证每个企业快速发展的血液，融资渠道的选择有多种形式，不管是对大型国有企业还是中小型民营企业来说，对募集到的资金的合理使用和风险规避都是一项重要的课程。

企业可以根据自己的性质和特点来选择融资渠道，也可以依托强大的平台资源和渠道优势进行对外发债，这不失为一种跨境金融领域的机遇，企业能够走出国门并充分利用政策红利，快速融入国际资本市场，加速了企业的市值裂变之路。

## 第四节　花明天的钱圆今日梦

对于很多中小企业来说，融资渠道受限且相对困难是普遍现象，那么，中小企业如何同大企业一样享受"花明天的钱圆今日梦"的融资渠道呢？上市、发债、借壳肯定是不可能的，而银行信贷、民间借贷、内部集资和亲友借贷等，往往成了中小企业的非正规融资方式。

因此，中小企业需要国家在贷款政策方面给予支持，这是解决当下中小企业融资困难的重要环节，可以促进中小企业参与国内资本重构，借助外部环境的变化实现自身的财富裂变，并以此为跳板达到上市融资的目标。

### ✧ 中小企业的发展靠信贷

中小企业想要募集到发展所需的资金应该怎么办呢？向金融机构申请贷款正在成为中小企业解决资金困难的重要融资方式之一。

信贷融资是指企业为解决当前经营所需，向金融机构（一般指银行）或专业融资企业借入生产经营所需的定额资金，并与之签定按约定期限还本付息的协议的一种融资方式。

中小企业在世界各国经济发展中扮演着极其重要的作用。我国也非常重视中小企业"融资难"的问题，采取了很多相关措施，通过多样化的融资渠道、公平的融资环境营造、各银行的支持以及在税收上的优惠政策等方法，对中小企业的融资困境有了一定的缓解。但是万事都有其原因，中小企业之所以在信贷融资上有困难，其根本原因是信贷成本和提供信息的不对称。

世界银行在全世界45个接受调查的国家中发现，几乎所有的银行在发放中小企业贷款的过程中都存在较高的信贷成本和信息的不对称，中小企业在银行信贷方面显然是处于劣势的，它们在信贷成本和信贷风险上都要高于大企业。

相对国际平均水平来说，我国对中小企业的贷款份额均优于国际水平，政策上对中小企业信贷支持也较高。

当前，中小企业信贷融资面临的最主要的还是贷款担保的难题。为此，国有四大银行以及一些民营银行正在为解决这一难题进行积极的探索。以中国建设银行为例，他们创新开发了一系列融资产品以满足中小企业的资金需求，同时还有效地规避了金融风险，如"速贷通""联贷联保""循环额度"和"供应链金融"等。这些创新金融产品让中小企业利用融资获得发展所需的血液，为日后企业向市值转变奠定了最基本的原始积累。

### ✧ 如何花明天的钱圆今天的梦

也就在10年以前，广为流传着一个"美国老太太和中国老太太在天堂相遇"的故事，当时各类媒体都在这个故事上大做文章，有的报纸版面上赫然写着"你敢花明天的钱圆今天的梦吗"这样的醒目标题。当时正处于房地产金融火爆的时候，银行专门设立的"个人信贷"部门主要针对的就是借钱用来买房子的人。

今天，虽然房地产金融已不似从前那么火爆，但是，"花明天的钱圆今天的梦"这句话的道理依然行得通，我们暂且用当前用户基数众多的支付宝予以说明。

比如你非常想买一样喜欢的东西，如果资金不充足的话，蚂蚁花呗就可以帮你解决这个问题，提前垫付，下个月按时还款就不会产生任何利息，再进一步说，如果你下个月还是资金紧张，那就办个分期还款，只需要支付少量利息即可。这在 10 年以前是不可想象的，但今天真的成为现实。

事实上，无论个人还是企业都适用这个道理，只是借钱的主体从个人变成了集体、企业而已。但其本质是相同的，都是为了解决目前的资金困难，用借来的钱满足当前的需求。

当前，对于中小企业来说，信贷市场这样的直接融资渠道在一定程度上不是很畅通，中小企业的融资地位相对处于弱势，但我国现在的宽松货币政策扩张了中小企业的信贷资源，为其信贷融资提供了便利的条件。

绝大多数的中小企业是财产权私有性质，其在适应性以及灵活性上都比较强。因此，中小企业想要在融资上取得事半功倍的效果，只需要按照目前政府给予的相应信贷政策做出适合自己的融资方案即可。

提升中小企业在商业银行信贷融资的成功率，应该主要从以下几个方面着手：提升中小企业的自我形象，增加银行信贷的信用资质，提升融资的竞争力；创新中小企业的融资体系，这其中包含银行要建立针对中小企业的金融机构体系，引导民间非正规金融的发展；完善政府支持体系，建立促进我国中小企业发展的机构、完善中小企业信用担保体系等。

事实上，中小企业在不同的发展阶段需要不同的融资渠道。对于处于孕育期的企业需要个人投资者、天使基金以及政府资助进行创业研发；起步阶段的企业可以进行私募股权融资；成长阶段的企业最主要的就是通过二板市场上市融资；企业在成熟之后可以很容易地获得商业银行的贷款支持，如果已经上市，那就可以通过各种手段实现再融资。

总之，信贷融资实现了个人和企业"花明天的钱圆今天的梦"的愿望，让处于资金困境的中小企业找到了一个突破口，它是未来社会资本重构过程中一股不可轻视的资本力量，或许下一个市值之王的产生就源于最初一个小小的信贷融资。

## 第五节　最强利益共同体联盟

2013年,由陈可辛导演的商业励志影片——《中国合伙人》,讲述了三个年轻人通过创办英语培训学校,最终实现自己梦想的故事。"合伙人"这个名词一时间成为社会大众热议的话题。

时间进入2014年,无论是万科的事业合伙人,还是阿里巴巴的湖畔合伙人,抑或是绿地的职工持股会摇身一变成为合伙企业,这些事实都在告诉人们,合伙人模式已进军商业领域,并风靡一时。

那么,什么是合伙人模式?企业如何通过合伙人模式实现市值的提升呢?

### ◇ 正确选择合伙人模式

合伙人模式从管理的角度,为中小型企业解决融资问题提供思路和方法,以期实现企业市值的裂变。

合伙人模式无疑备受当下企业的青睐,那么,合伙人模式到底是什么?

对合伙人模式的认识与解释,众说纷纭。这难免使初窥门径者有云山雾绕之感，以致其无法准确理解合伙人模式的内涵。合伙人模式并非是新生品，其产生与发展由来已久。在工业化早期，合伙制较为流行，其特点是"共同出资、共同经营、共享利润、共担风险"。改革开放时期，我国的农村合作社与合伙人模式亦有着相似之处。然而当下在企业当中盛行的合伙人模式，并非法律意义上的合伙企业，而是管理概念上的合伙人制度。简而言之，合伙人模式可大致分为三类：公司制的合伙人、联合创业模式、泛合伙人模式。

公司制的合伙人，包含了激励和实现控制的双重目的。控制，即对公司控制权的把握，或是实现权力、利益的平移，或是控制公司的上市。我们称此种模式为股权控制型。对于大型企业来说，此种模式的采用，有利于保证企业高层人员的稳定，加强企业创始团队对企业的控制。

联合创业模式，适合公司开发新业务时选用。即公司为负责一项新业务的团队提供股份，以避免新业务团队高管的流失。最常见的做法就是公司让团队认购公司的一部分股权。我们称此种模式为平台型。

泛合伙人模式，即公司在股权激励之外又加入了合伙人的定义。公司将期权、限制性股票等股权激励形式与合伙人概念及相应要求相结合，最终形成泛合伙人模式。泛合伙人数量较多，而真正的合伙人只能是少数。

合伙人模式类型多样，作用亦各不相同，各有侧重。因此，需要企业明确自己的目的，慎重选择合适的合伙人模式。

### ✧ 合作共赢，提升市值

正所谓"众人拾柴火焰高"，个人单打独斗很难取得胜利，企业单打独斗更难取得胜利。在这个不断变化的时代中，合作远比竞争更为重要和高明。不懂得合作的企业，必将走向衰亡。归根结底，通过合伙人模式，企业可以实现合作互补、互利共赢的目的，进而提升市值。

## 重构资本
RECONSTRUCTION CAPITAL

  名创优品,一个成立至今不过几年的年轻企业,目前已在全球范围内开设店铺达2000多家。当电子商务以不可阻挡的趋势席卷全球之时,名创优品何以能成为"全球零售业的最后一块蛋糕"?

  一手实业,一手金融,与多数成功企业的架构设计较为符合。据了解,名创优品采用的是有限合伙人模式,或者说是"联营"模式。不同于普通的加盟模式,名创优品的加盟商只需要确定门店选址,其余包括装修、供货、店员培训、店员工资的发放等运营事宜均由名创优品负责。即加盟商只需要负责出资,店铺运营交给店长即可。有限合伙人模式有点像是财务投资,可以使加盟商享受到一种当老板的感觉。

  另外,名创优品以自己为担保主体,使加盟商成为贷款主体。加盟商通过在分利宝平台得到融资,而后开店。分利宝的贷款资金则以加盟商缴纳的加盟费、保证金等形式重新流回名创优品,从而实现名创优品的融资需求。

  有限和合伙人模式的运用,不仅使其加盟商无需管理经营便可实现获利,更使名创优品得到发展资金,最终实现企业市值的极大提升,达到了合作共赢的目的。

  合伙人模式虽然可以帮助企业解决许多问题,但并非所有的企业都适合采用合伙人模式。因此,在综合考虑各种因素之后,建议以下四种企业考虑运用合伙人模式。

  第一种是知识型企业。顾名思义,对于这类企业来说,创新是制约其发展的关键因素,而制约其创新能力的则是企业员工的创造性、学习力和责任心等问题。合伙人模式可以有效调节资本与知识之间的关系。通过合伙人模式,传统的雇佣与被雇佣的关系被打破,进一步释放了知识持有者的创新能力,有助于企业的健康平稳发展。

  第二种是轻资产型企业。与重资产型企业相比,轻资产型企业的参股价格较低，新增利润却高，更容易吸引合伙人的加入。典型的轻资产型企业如以阿里巴巴为代表的互联网企业。

第三种是控制权稳定的企业。如果公司的控制权不够稳定，那么合伙人模式很可能使企业出现股权分散的问题，这会在很大程度上影响到企业管理的有效性，更加不利于企业的融资。

第四种是新生企业或处于转型期的企业。这类企业需要面对许多管理问题，需要全公司人员的齐心合力。合伙人模式可以帮助其赢得员工和股东的支持与信任。需要注意的是，"千万不要和最好的朋友合伙开公司"。

成熟的合伙人模式不仅应该涉及如何进入合伙人体系之内的问题，更要涉及如何退出该模式的问题。如此，方可最大限度地发挥合伙人模式的作用。目前商业领域使用的合伙人退出机制诸如荣誉合伙人退出模式、回购退出和绩效考核退出模式等都值得作为参考，以形成与本企业实际情况相符的合伙人退出机制。

总而言之，企业需要根据自己的实际情况决定是否选用合伙人模式，以及如何灵活运用合伙人模式。

合伙人模式并非这个时代独特的产物，其成功运用都以企业参照自身实际情况为基础，其中不乏经验和教训。企业选择合适的合伙人模式，不仅可以为企业凝聚有理想，有抱负的合作伙伴，更可以帮助企业得到融资，从而扩大企业的规模，增加企业的收益，提升市值。

# 第四章
# 市值裂变的内部无形资本

在如今的资本市场，投资者愈发看重企业未来的升值空间，而企业的升值空间取决于其本身所具有的资本。所谓资本，可分为有形资本与无形资本。传统企业的经营理念往往以有形资本为主，无形资本为辅，认为无形资本的价值只是企业规模的附属品，企业规模越大，无形资本的价值越高。现代企业的经营理念则恰恰相反。现代企业认为无形资本是企业的魂，有形资本是企业的体，无形资本是企业市值裂变的内部力量，企业要想实现价值的提升，获得投资者的青睐，便要学会经营无形资本。企业掌握了无形资本的运作技巧，就相当于拥有了吸引其他有形资本的"磁铁"，更是为企业这艘"大船"造就了市值的"龙骨"，让企业能够在市场中随浪沉浮，直达彼岸。

无形资本为企业创造着巨大的市值力量，而无形资本包括很多方面。本章从品牌、技术、价值链、企业文化四个方面，阐述无形资本对企业市值的提升有着怎样的推动之力，更是为企业提供了实质性的落地工具，为企业揭示了如何运用无形资本这一内部力量实现企业市值的裂变，使企业成为资本市场的佼佼者。

# 第四章
## 市值裂变的内部无形资本

## 第一节　难以复制的无形资产——品牌

今天中国的经济总量达到了世界第二，尤其是制造业，在世界制造行业中遥遥领先，"Made in China"这一标记已经渗透到了世界上的每一个国家。中国进入《财富》世界500强的企业在逐年增加，2017年达到了115家，居于世界第二，但在2017年的"世界品牌500强"排行榜中，中国品牌仅有55家。由于品牌影响力不高，中国企业几十年来一直无法在全球产业中形成较强的影响力。

很多中小企业在发展中，常常会忽略品牌对企业建设的重要性。它们认为只有大企业才需要制定品牌战略，而作为中小企业，要将重心放在产品与技术上，正因如此，才导致了其难以快速、持久发展。

对于企业来说，产品与技术固然是企业发展的关键，然而品牌同样是企业的生命力。品牌是一个国家提升国际地位的核心竞争力，更是企业的灵魂，企业生命强大的支撑力。品牌不仅仅是一个词，一个Logo，而是企业重要的无形资产，一个成功品牌的价值是有形资产无法比拟的。在企业崛起的道路上，品牌运作为企业市值的裂变产生了巨大的助推力。

然而品牌随处可见，可以随意被复制，尤其在随时重构、复制、裂变的时代，企业要塑造难以超越的形象，打造硬性品牌，形成难以复制的巨大资产，才能在重构资本的过程中不被颠覆，具备随时崛起的能力。

正如可口可乐公司前总裁伍德拉夫所说："即使可口可乐公司在全球的工厂一夜之间化为灰烬，单单凭借可口可乐这块牌子，我们就能在短期内很快地恢复原样。"

### ◇ 无形资产中的"黄金手"

品牌在我们身边随处可见，它与我们的生活紧密联系。例如，当我们身处一个陌生的城市，无论是住宿还是吃饭，我们都会选择具有一定品牌知名度的酒店和饭店。因此，品牌便成为企业的一种无形的形象，当人们提起某些产品时，便会自觉地想起该品牌。例如，提到汽车，便会想到宝马、奥迪等；提到主题公园，便会想到迪士尼；提到文具用品，便会想到晨光等。

当前的市场竞争已经从最初的广告战、价格战演变为了品牌战，尤其是随着品牌战略上升为国家战略，品牌逐渐成为市场中企业角逐的有力"武器"。品牌是企业获得核心竞争优势的基础，也是在国际竞争中能否快速崛起、强盛的关键。品牌意味着高附加值、高利润、高市场占有率。好的品牌可以为企业带来较高的销售额，因此，众多企业与投资者都认识到"品牌"才是企业最珍贵的无形资产。

以徽酒为例。在外界看来，"徽酒只注重终端不重品牌"。事实上，徽酒虽注重创新营销模式，但同时也很注重对品牌的打造。作为徽酒"四朵金花"之一的金种子，在经历了企业发展的黄金期、调整期之后，如今处在复苏期。然而无论其集团业务如何调整，都没有放弃自己的品牌。新上任的企业领导人，更是提出了"将柔和进行到底"的产品战略。这无疑使种子酒得以在产品开发泛滥的白酒市场上站稳脚跟。

如今，资本亦开始向虚拟资产倾斜。作为企业无形资本的品牌对于企业的发展愈加重要。品牌可以使其他企业以资产的形式通过收购、合资等方式进行运作，从而增加该企业的整体资本。正如红杉资本副总裁郭振炜所说："新兴品牌与资本之间要相互帮助共同发展。"企业可以通过对品牌注入精神与文化，在消费者和投资者心中形成一种认同感，从而吸引投资者的目光，为企业整体资本的提升，更为企业市值的裂变提供强大的助力。

此外，好的品牌意味着高质量、高品位，是众多消费者的首选。因此，品牌可以为企业制造客户群。对于消费者来讲，有品牌的产品便会有质量、有艺术感、有时尚感，能够使消费者在满足基本需求的基础上，具有精神上的愉悦感。因此，品牌也能够为企业凝聚相对稳定、忠诚的用户群。而企业市值提升的核心资产便是用户，摩拜单车便是最典型的案例，摩拜单车仅用两年的时间便实现了从0到100亿的市值，依靠的便是黏着用户。

品牌承载着创业者的梦，会被创业者精心打造。品牌可以呈现出企业的成长，成为企业提高声誉的关键。因此，品牌不仅是企业的附加值，更能为企业带来巨大的商业价值，尤其是强势的不容被取缔或颠覆的品牌，更是投资者最为看重的投资对象。例如，被称为股神的沃伦·巴菲特便经常会选择对具有强势品牌的企业进行投资。

### ◇ 重生之本，自我复制

打造强势品牌对于中国企业来说，便意味着打造国家品牌。对于企业来说，打造国家品牌意味着企业的品牌成为一种象征与标志，意味着企业得到的不仅是消费者的认可，更是国家的认可。企业形成国家品牌，便具有了自我可复制而他人无法复制的"魔力",企业可以利用国家品牌这一无形资产,进行重生。

2016年,中央电视台提出打造"国家品牌计划"活动,意在筛选出市场占有率较高且具有国际品牌潜质的企业,通过国家平台,塑造成为具有国际竞争力的国家品牌。使企业为国家实现品牌战略、实现民族的伟大复兴增添一份力量。

"国家品牌计划"的打造是国家为了推动企业的进步,打造"品牌之魂",扬起"中国品牌"之帆,以最优质的资源,服务于我国最好的一批企业,让它们能够更快、更高、更强地发展。国家给予了企业巨大的平台,企业要想拥有傲人的资本,拥有即使重构也不担心被瓦解的底气,除了拥有技术、文化等因素外,打造国家品牌,成为行业领跑者也是其必备条件。

"国家品牌计划"的入选标准有四:其一为企业所属行业必须是国家支柱性或民生广泛需要的行业;其二为企业及其产品具备高尚的品质,能够支撑起国家品牌形象;其三为企业居于行业领先地位,有打造顶级品牌的梦想和胸怀,能够在市场营销方面投入足够的努力和资源;其四为企业在中国境内进行生产和销售,且其品牌认知属于中国。

刚刚公布,冷门行业陶瓷业里的一家公司——简一大理石瓷砖(以下简称"简一"),便因具备这四个入选标准,进入2018年"国家品牌计划"的名单之中。

根据入选标准我们可以看出,第一条与第四条是入选"国家品牌计划"的硬性标准,第二条与第三条虽具有一定的主观性,但依然具有较高的要求。

简一的董事长李志林在简一成立之际便一直钻研一件事情,就是从消费者角度思考什么样的瓷砖符合消费者需求。他和他的团队时常反问自己:

所做的产品自己是否满意？客户是否可以有良好的体验？他们在不断的反问中改进和创新产品，力求把产品质量做到极致。

因此，2017年，在整个陶瓷行业销量遭遇"寒冬"之际，简一的瓷砖销售量却保持速猛增长。

然而，单靠具有高尚的品质无法入选"国家品牌计划"，企业还要具备"打造顶级品牌的梦想和胸怀"。这意味着企业不仅要打造国家品牌，还要打造世界品牌。

简一对产品的匠心精神被世界所认可。简一的产品已经出口到了意大利、法国等60多个国家，在国外已经拥有59个专卖店，产品逐渐被国外客户熟知并喜爱。

正是由于简一注重打造品牌影响力，使得其即使身处冷门行业，依然成功地进入"国家品牌计划"。简一打造的国家品牌在国内成为陶瓷市场的佼佼者，尤其在进入"国家品牌计划"后，简一的匠心品牌注定会被国内消费者所熟知，简一也注定会站在世界的舞台上，以品牌资本，搅动世界市场。

### ◇ 品牌建设的价值点

品牌建设已经成为企业建设的一个重要环节，尤其对于中小企业来说，品牌建设不再是大企业的发展特权，更是中小企业在愈加激烈的竞争环境中迅速崛起的制胜法宝。对于中小企业尤其是初创企业来说，打造品牌需要做到以下几点：

1. 品牌的要素选择要具有显著性，与时俱进

品牌由不同的要素结合而成，因此，企业在要素的选择上要具有显著性，具有自己的特色，避免与其他品牌的要素有相似之处，要给人一种新颖性，让人耳目一新。此外，还要具有一定的可记忆功能。例如，可口可

乐、特步、李宁等品牌,,名字、标识的设计都具有简洁性,能够使消费者牢记在心,从而极大地提升品牌知名度。

品牌要素的选择还要与时俱进,因为消费者的价值观或审美理念会随时代的变化而变化,所以,企业品牌的要素也要紧跟时代的步伐。例如,奔驰汽车从1909年开始,已经进行了6次标识的更改。

### 2. 品牌定位明确

品牌定位要锁定明确的受众目标,需要直接以具体的消费群体为对象,进而突出产品的具体特性,以便获得目标消费群的认同。例如,海澜之家的定位是"男人的衣橱",如此,海澜之家的目标群体便是男性消费者;护彤定位为"儿童感冒药",目标群体便是儿童。

但是,需要注意的是,品牌定位明确并不意味着品牌市场的狭隘。百事可乐锁定的目标群是年轻人,然而目标市场中依然有老年人。因此,企业需要明白品牌定位所特定的目标群众往往只是品牌目标市场的一部分。

### 3. 品牌宣扬要充分展现自身的优势

品牌宣扬要充分展现出自身与竞争对手的不同之处,重点突出自身的优势,这样才能给消费者一种品牌识别度。例如,佳洁士牙膏主打的是防蛀牙的特性,黑人牙膏则主打美白牙齿的特性。因此,消费者在挑选牙膏时,便会根据自己对产品的需求在众多的牙膏产品中挑选出自身所需要的。

### 4. 新品牌的诞生要避免与老品牌出现消费群体重叠

很多企业旗下不会仅出现一种品牌的产品,可能会出现多个品牌。对于新品牌的策划,要避免设定在两个原有品牌之间的消费群体。因为,两个品牌之间的市场是一个"死胡同"。因此,企业如果要策划新品牌,便要在旗下两个品牌之外的市场创造新品牌,锁定新的目标消费群体。

随着信息技术与网络技术的不断进步，人们的注意力逐渐向着品牌化转移，品牌的力量将会进一步凸显出来。品牌作为企业最具价值的无形资产，它能够跨越地域、文化、种族成为企业独特的标识，成为企业溢价销售的重要附加值，为企业设置坚固的竞争壁垒，更能成为企业市值裂变的催化剂。

## 第二节　行业的竞争力与垄断力——技术

科学技术是第一生产力。技术革命引发了数次工业革命，如蒸汽技术之于第一次工业革命，电力技术之于第二次工业革命，信息控制技术之于第三次工业革命，技术是时代变革和企业更迭的内在因素。

技术是一个企业生存和发展的内在前提。科学技术日新月异，产品生命周期不断缩短，那些无法在技术上进行突破、难以形成独有核心技术的企业，终将难以适应市场，成为黯淡无光的过去式。例如，柯达的破产是源于对数码技术的盲目轻视，诺基亚的没落是源于对智能技术的后知后觉，乐视的巨大危机则是源于技术的失焦与不足。

这是一个竞争残酷的资本时代，那些无法获得资本青睐的企业，在一次次的同行大比拼中受到冲击，直到黯然退出行业竞争。而在这个时代，资本追逐的正是那些有前景的商业模式和核心技术。

### ◇ 技术之路，行则将至

企业做强做大需要过硬技术的支撑，如同心脏于人一般，技术关乎着企业的生死存亡。个人可以依靠所掌握的技术，获得经济上的回报；企业可以依靠核心技术，争取到同行梦寐以求的资本青睐。那么为何技术可以让企业轻松得到资本呢？企业又要如何打造核心技术呢？

中关村天使投资协会中的投资人曾说："我们更关注有技术创新的项目，也就是有核心技术、有技术门槛的项目，单纯的模式创新时期已经过去了，我们现在关心的核心是技术和模式联带的创新。"资本偏向有技术含量的项目，这是资本市场稳健发展的必然。

一方面，资本开始回归理性。在"大众创业、万众创新"的政策下，创业门槛降低了，但是创业成功的门槛不曾改变。为确保投资收益，与那些只有绚烂华丽的创业计划书相比，投资人更倾向于把资本投向有核心技术的企业。

另一方面，技术是竞争力。没有技术含量的行业进入门槛低，任何企业都可以随时进入，行业内企业比拼的自然是规模和资金，谁的资金实力雄厚便可以成为行业翘楚。烧钱式投资，对投资人来说风险太大了，红海的激烈竞争随时可使投入的资金化为乌有，所以投资人对没有技术含量的企业常常是持观望态势。技术是一个企业的竞争力，提高了行业的进入门槛，相对来说该行业也是一片蓝海市场，资本回报率比较高，是资本角逐的领域。

有技术的企业往往可以轻松地获得资本投资，但是并不是所有的技术都可以得到资本青睐。一般情况下，资本更倾向于如下几种技术：

首先，资本倾向于高精尖技术。技术越是高精尖便越是说明行业进入门槛高，越是明显区别于其他企业。其次，资本倾向于那些走向蓝海的技术。红海市场竞争激烈，技术革新速度快，资本难以分辨出有独特优势的技术企业，而那些走向蓝海的技术则往往无甚竞争对手，发展前景比较大。最后，资本倾向于有应用场景的技术。归根结底技术是为了使用，难以落地的技术注定无法发挥出价值。例如，人脸识别技术可应用于安防、金融、零售等领域，应用场景丰富，所以在这一领域具有技术优势的企业得到了资本的争相注入。

道虽阻且长，行则将至。技术的达成"非一日之功"，在研发过程中常常会遇到种种阻碍，但只要企业肯投入，在制度、资源、人才等方面予以倾斜，终将能开发出自身独有的技术。因此，企业要有足够的勇气与耐力，在技术开发上下足资本与功夫。

惠州市龙鼎盛电力科技有限公司（以下简称"龙鼎盛"），是一家从事电能仪表研发、生产、销售等业务的高新技术企业。公司董事长刘晋先生非常重视在科研领域的投入，专门组建了一支优秀的研发技术团队，以技术创新带动企业发展。在研发团队的努力之下，各种新型电能计量仪器问世，这些设备计量更加精准，能有效地防范窃电行为，从而减少商家损失。例如，惠州乌石农贸市场因计电误差，每年的损失就达20余万元，在安装了龙鼎盛两台计量表后，这种情况被有效避免。

技术的创新不止为企业带来更多客户，也能为社会创造更多价值。大企业如是，中小企业亦然。先进的技术是一家企业走向行业前沿的基础，唯有重视技术，企业才能做大做强。

### ◇ 资本力量，技术盈利

《史记·货殖列传》中说："天下熙熙皆为利来，天下攘攘皆为利往。"无利可图也就无资本，任何资本的投入都是为了获得利润的回报，而技术恰恰是一个企业含金量的衡量指标。

在汽车产业，新能源汽车受到了各大企业的格外重视，资本更是大量进入这一市场，纷纷投资新能源汽车公司。对新能源汽车公司来说，发展的关键技术是动力电池，解决了这一问题就可以在市场上拥有话语权，正如手机行业中的高通收取技术专利费，可以以极低的边际成本获得技术盈利。而这也正是比亚迪从一个默默无闻的汽车小企发展为如今的新能源汽车领先者最重要的原因。

1995 年，从亲朋好友处募集来 30 万美元的王传福开始了自己在深圳的创业路。发展初始，比亚迪主要生产可充电电池，面对的对手则是影响力巨大的索尼、三洋等知名品牌。此时技术是比亚迪进入电池业的一道高墙，为了攻克这道难关，比亚迪进行了大量的试验和资金、人力的投入。为了在市场上占据优势，比亚迪在技术上付出了极大的心血，到 2002 年便成为三大可充电电池技术领域中的全球四大制造商之一。

2003 年，比亚迪开始进入汽车制造业，依托可充电电池的技术，比亚迪率先进入电动汽车的制造，从一个默默无闻的后起之秀成为汽车行业翘楚。对比亚迪来说，电动汽车可以有效降低二氧化碳排放量和燃料成本，有着巨大的需求空间和政策利好，这意味着收益也将是节节攀升的。

比亚迪在技术上投入了巨大的资金，如重金聘请技术人才、投资数亿元成立高标准实验室等。将资本投向技术给比亚迪带来了巨大的盈利，真正实现了资本的价值。2017 年比亚迪新能源汽车累计销售 113669 辆，连续四年夺得中国新能源汽车单一品牌销售冠军。技术给比亚迪带来了巨大的销售额，实现了企业利润增收。

无论资本如何炒作，行业盈利还是要依靠技术的改进与提升。以资本造势固然可以赚取噱头，但是最终的成果都要通过技术来实现转化。所以，那些忽视技术研发，只注重扩大规模、盲目搬进大写字楼的公司一个个迅速陨落了，而最后留在市场上竞争的公司都具有着自身独特的技术优势，难以被轻易替代。

又如马云在物流行业的布局。菜鸟并没有将资金用于物流规模的扩大，而是致力于行业资源的整合，为物流公司提供智能供应链技术解决方案，并推动智能设备在物流业的使用。正如马云所说："快递公司应该把钱用在技术上、人才上，而不是把钱用到市场的拼杀上。利润的来源是技术而不是规模。"失去技术优势的企业也会失去竞争力和资本支持，本末倒置。

### ◇ 流向技术，财富倍增

2018年，量子大米问世，在世界上引起巨大反响。最初，巨人行量子科技实业集团（以下简称"巨人行"）推出的量子大米也遇到了"酒香锁在深巷里"的问题。然而北京中华盛世科技有限网络公司独具慧眼，利用自有的经济实力和渠道优势，向巨人行伸出了援手，双方结成紧密战略合作伙伴，以包销和出资支持下一年种植的形式签订五年发展规划，联手将量子大米通过线上线下行销到海内外。

巨人行之所以会获得资本的青睐，不仅仅是因为其推出的量子大米有助于人体健康，更因为量子大米所包含的量子科技，这在很长一段时间内是难以被复制、模仿和超越的。虽然量子大米刚刚出现在市场上，但其前途光明，一定会为企业和投资者带来财富。

投资者倾向于把资本投向那些有着技术优势的企业，这样的企业往往具有着强大的竞争力和垄断力，盈利空间巨大。而作为中小企业，竞争力不足往往会招致迅速被淹没在市场的结果。所以，企业要在商业模式变革的过程中增加技术上的资本投入，提升自身竞争力，如此才能获得外界资本的认可和投入，创造市值倍增的资本佳绩。

## 第三节　产业的新动力与原动力——价值链

在企业的众多"价值活动"中,并不是所有的环节都可以为企业创造价值,企业的价值创造大部分都来自于某些特定的价值链,而这些可以真正为企业创造价值活动的便是价值链的"战略环节"。简而言之,价值链包含了企业的价值活动和利润,像老生常谈的企业长久发展优势便是企业价值链优势。

价值链并不是新生事物,早在1985年,哈佛大学商学院教授迈克尔·波特在其著作《竞争优势》一书中,便首次提出了价值链这一概念。

### ◇ 价值链对于企业的价值

波特所提出的价值链这一概念,从另一个方面说明了企业之间的竞争已经不再是产品之间的竞争,而是产业价值链的比拼,是企业整条价值链的整体竞争。所以,企业价值链在很大程度上决定了企业的综合性实力。正如波特所说:"消费者心目中的价值由一连串企业内部物质与技术上的具体活动与利润所构成,当你和其他企业竞争时,其实是内部多项活动在进行竞争，而不是某一项活动的竞争。"

不管哪行哪业都有其产品价值链，每个企业也都身处于产业的产品价值链中。行业的产业价值链是：供应（供应商）→转变（制造商）→流通（经销商/零售商）→消费（最终用户）；而企业的价值链只是行业价值链中的一个环节：转变（制造商），具体表现为：研发→采购→制造/运行→营销及销售→分销/分销物流→售后服务。

在这里，我们主要讲的是企业的价值链。对于企业而言，价值链上的每一项价值活动都将对企业的销售额和市值产生巨大影响，而在这一过程中，价值链也有其独特的特性。

第一，价值链所具有的整体性。价值链是一个整体，相互依存，相互制约，上游产品价值链环节和下游产品价值链环节存在着大量的信息、资金的交换关系。同时产品价值链呈现出多层次的网络结构。

第二，价值链的重心——增值性。企业任何行为的最终目的都是增值。价值产品是价值增加的前提和基础，随着市场和消费者需求的改变，企业也会滋生出新的价值产品，以求保证其市场地位和市场利润。但是，市场存在一定的风险性，前期投入到新价值产品的价值量并不一定会在后面的价值链中实现。如果企业的产品价值链遭遇瓶颈，前期所做的价值投入也会损失，企业根本无法实现增加。

第三，价值链所具备的循环性。价值链其实是一个不断循环的过程，这一特性对企业产品价值链有着重要意义，如果企业无法实现良好的循环，那么这条价值链将会面临断裂的危机。

第四，价值链的各个环节所存在的差异性。即使是在同一条价值链上，每个环节也都有着增加值与盈利水平的差异性。不同的环节对于技术、资本等的要求都不尽相同。

价值链在经济活动中是无处不在的，价值链上的每一项经济活动都影响着企业的价值增值，价值链对于企业的增值以及经营战略都有着重大作用。

东莞市鑫聚光电科技股份有限公司（以下简称"鑫聚光电"）便在企业中形成了产业价值链条，不仅为企业降低了成本，更使得企业逐步走上上市之路。

鑫聚光电成立于2007年，是一家专门从事光学新材料产品研发、生产和销售的国家高新科技企业，产品主要用于液晶电视领域。2015年1月在"新三板"挂牌上市。

鑫聚光电所研发的光学原材料，可将原有产品中的点、线状光源转换为平面光源，改善平面光源的均匀性效果，提升亮度；另外，其研制出的新型纳米银线导电膜较之传统ITO导电膜，在可穿戴电子产品及智能家电等领域具有明显的成本及技术优势。

然而，该企业却并没有就此止步，而是不断进行技术创新与产业整合。为了保证产品的成本优势、产品质量、产品交期，对原有的产业价值链进行了垂直整合。利用核心专利技术将各种塑胶粒原材料改性、配比，挤压成光学材料的卷材和板材，并裁切成客户所需要的各种规格的片材以及膜材，形成了一条光学材料的产业价值链。

鑫聚光电所整合出的光学材料产业价值链，不仅能够极大地降低企业产品的运营成本，增加企业运行资本，更在一定程度上促使企业的市场有了更细致的划分，对企业的增值产生了重要作用。

### ◇ 价值链，企业的关键

"每一个企业都是在设计、生产、销售、发送和辅助其产品的过程中进行种种活动的集合体。所有这些活动可以用一个价值链来表明。"波特认为每一个企业都会存在价值链，而且企业价值链也可以分为两种：一种是基本活动，另一种便是辅助活动。其中基本活动包括内部后勤、生产作业、外部后勤、市场和销售、服务等；辅助活动则包括采购、技术开发、人力资源管理和企业基础设施等。简而言之，这两种看似关联微弱实则关联甚大的经营活动，构成了创造价值的动态过程，而这一动态过程便是企业产品价值链。

在价值链的构建中，企业也将凭此成为行业中的佼佼者，在这里就不得不提苏宁易购是如何凭借价值链成为行业中的赢家的。

苏宁云商集团股份有限公司旗下新一代 B2C 网上购物平台——苏宁易购，在 2009 年 9 月 1 日正式上线运营；2010 年，苏宁易购正式进军电子商务 B2C 领域。在短短的几年中，苏宁易购的营业额节节攀升，仅 2017 年上半年，苏宁易购实现营业收入 837.46 亿元，同比增长 21.87%，可谓是成果斐然。其中，在 2011 年，苏宁易购的销售规模从 2010 年的 20 亿元增长到当年的 59 亿元，被业内称为爆炸式增长，改变了中国 B2C 市场格局，苏宁易购也因此成为业内最大的一匹黑马。

苏宁易购之所以可以成为行业中的黑马，主要是依靠其优秀的价值链。首先是苏宁易购价值链中的基础性活动，主要体现在其内部物流。苏宁易购成立多年以来，在不同的时期也都建立了不同的供应链模式。如今的苏宁易购，不仅享有苏宁实体店的货物供应储备，还与产品供应商之间保持着良好的合作关系。苏宁易购也因此在获取货源的环节上节省了大量的资金成本，使其比其他 B2C 竞争对手拥有更多的价格优势。

其次便是苏宁易购价值链中的辅助性活动。苏宁易购企业内部的运营管理机制使得苏宁实体店拥有绝对的资金实力和高效率的运营模式，而实体店优秀的模式可以让苏宁易购直接使用，省去了商业模式的"探路"过程，同时结合成熟的信息化平台，使其成为前沿的网络销售平台。

然后，便是苏宁易购的质量管理方面，这并不是单指产品质量管理，也包括服务质量管理。苏宁易购采用了 B2B2C 模式（business to business to Customer，即供应商→生产商→经销商→消费者），而这一模式更是为苏宁易购提供了营销和服务优势。

最后，便是苏宁易购所拥有的高能力技术团队，并不断招募新的技术人才。苏宁易购还与 IBM 构建了完整的 B2C 平台开发团队。而这个团队为苏宁易购提供了极高的技术支持与服务。

苏宁成为行业甚至是市场中的黑马，靠的不是运气，而是其"身先士卒"的实体店支撑，是其优秀的价值链的引导。不管是电商还是实体企业，都应该明确自身的价值链，凭借其出色的价值链在行业中脱颖而出，最终实现企业的增值。

### ◇ 价值链的集群效应

随着社会经济的快速发展，企业价值链也被越拉越长，企业的产品价值链向上可以延伸到原材料以及配套服务的供应商，向下可以延伸到产品的营销网络和消费者。在企业的价值链中，企业与其相关支撑机构在地理空间上会产生一种集聚现象。这种价值链的集群效应可以降低企业的成本，有利于营造企业的创新氛围，有利于打造区位品牌。

未来的市场只有两种企业可以存活，一是规模超大的企业，另一种就是拥有专业化的中小企业。而中小企业想要拥有极强的专业化生产，就需要一条优秀的产品价值链。产品价值链的集群不仅可以将优势整合到一起，使产品价值链发挥出更大的优势，还可以在相关环节降低其成本，获得领先优势。

总而言之，不管是辉煌多年的国有企业，还是刚起步的中小民营企业，都应该重视无形资本，重视价值链，这样才可以在竞争激烈的市场中生存下来。

## 第四节　企业的精神财富和物质形态

《财富》杂志曾这样评价说:"世界500强企业胜出其他公司的根本原因,在于这些公司善于给它们的企业文化注入活力,这些一流企业的文化同普通企业的文化有着显著不同。"反观之,作为企业的无形资本,优秀的企业文化能够为企业带来发展机遇和巨大的财富,使其从众多的企业中脱颖而出,独占鳌头。

### ◇ 制胜之道,文化资本

企业文化是一个复杂的思想体系,它是群体意识的产物,是在企业管理者的倡导下、企业内部人员在长期的企业经营和生产活动中逐渐形成的一种共同价值准则和行为规范。企业文化涉及企业的方方面面。自企业诞生之日起,文化就对其发展产生了潜移默化的影响。

随着时代的发展,企业文化的经济作用越来越明显。文化资本这一概念最早由法国的社会学家皮埃尔·布尔迪厄提出。文化资本,指企业持续地投资于组织文化建设而形成的一种能够为企业带来潜在收益的资本形式。

# 第四章
## 市值裂变的内部无形资本

如今，不少经济学家认为，文化资本可以与人力资本、物质资本、自然资本并列为四大资本。由于文化资本可以将另外三种资本整合成为一个完整的体系，因而，其在所有的资本中居于中心地位。

这是一个文化致富的时代，企业文化是企业的核心竞争力。众多优秀的企业已然证明，只有注重企业文化的建设，并形成出类拔萃的企业文化，才能使企业得到更长远的发展。

那么，作为企业的无形资本，企业文化是如何为企业带来经济效益的？

人是企业的主体，人才是企业的核心发展资源。没有人才作为支撑的企业是很难得到发展的，更遑论提升市值。作为企业管理的最高层次，企业文化虽不能创造或直接创造利润，却发挥着重要的作用：发现、培养、管理和利用人才。优秀的企业文化如同一剂良药，可以使企业形成团结一致、蓬勃向上的精神力，为企业提供源源不断的人才，凝聚和提升企业的竞争力，增强企业的生命力和发展的活力。

此外，企业效率的重要保障来自于先进的管理理念，企业凝聚力的基石则是群体价值观，企业持续发展的前提是道德诚信，企业竞争的独特优势是良好的品牌形象。而所有这些都建立在优秀的企业文化之上。

对于一些刚刚成长起来的企业来说，技术、资金、市场等都比不过已经发展成熟的大型企业。但是，新兴企业若想在竞争中取胜，就不能只盯着这些看得见的竞争要素，必须将视线转移到看不见的企业文化上。优秀的企业文化可以指明企业的发展之路，使其在竞争中取胜，为其获得财富开辟道路。如果中小企业可以在企业文化的建设方面取得成就，便可以获得与大企业一较高下的资格与能力。

缺乏企业文化，则是隐藏在企业内部的一大危机。一家企业如果没有自己的文化，那么它终将会在市场竞争中败下阵来。同样，忽视企业文化的作用，也必将为企业招致巨大的风险。在当下的企业管理中，企业领导者必须加强企业文化的建设，深入挖掘和发挥企业文化的资本潜能。

### ❖ 凝心聚力，提升市值

纵观世界范围内的优秀企业，其不约而同都有着明确而独特的企业文化。以市值过千亿美元的著名社交网站 Facebook 为例，其企业文化，即便是在硅谷，也是独一无二的。无论是对黑客文化的重新定义，还是鼓励年轻人"以下犯上"，抑或是"快速学习，快速试错"，都彰显了其别具一格的文化魅力。

那么，企业文化与企业市值之间有什么关系？企业能否通过企业文化实现市值的提升？企业又如何通过文化来提升市值？

在 PC 时代，微软无疑居于 PC 行业的霸主地位。然而，随着移动互联网技术的迅猛发展，PC 时代已悄然逝去，后 PC 时代一路高歌而来。曾经强大的微软并没有保持高速的增长，反而显现出发展疲软的迹象，其市值也出现了下降。

2014 年 2 月，萨蒂亚·纳德拉接任微软 CEO 之后，微软经过两三年的发展，股价得到大幅增长，不仅回击了外界唱衰微软的言论，更使微软迎来了新的发展机遇。那么，这位新上任的 CEO 是采取了什么措施，使微软市值大增，实现华丽转身的呢？

纳德拉在《拥抱变革》一书中说："CEO 的主要职责是创造企业文化，CEO 是首席执行官，但更是文化执行官。"实现微软的企业文化变革，充分发挥文化的作用，便是纳德拉上任之后要做的第一件事。

纳德拉接任 CEO 之后，微软文化的一个重要变化就是从昔日的"帝国思维"转变为现在的"平台思维"。"平台思维"改变了微软内部人员的思维方式和工作方式，使其更具活力和创新力，以更加包容、平和的心态看待竞争对手，从而实现自身能力的提高和与竞争对手的合作。在此基础之上,微软的发展更进一步。由此可见,即使企业强大如微软,一旦企业文化不能起到凝聚人才的作用,其发展也会受到极大的阻碍。

时代的快速发展使微软曾经的"帝国思维"不再适用,"平台思维"成为微软当下的必要文化。"帝国思维"使微软拒绝与竞争对手合作,从目前的市场环境来看,这不仅束缚了其自身的发展,更阻碍了其前进的脚步。"平台思维"则使微软与曾经的竞争对手建立起合作关系。如纳德拉定期拜访硅谷、微软与苹果之间的合作、加入 Linux 基金会等。由此可知,优秀的企业文化需要适应时代的发展,否则,只会妨碍企业的发展。

### ◇ 企业文化,变革发展

商业变革之下,企业为避免被风卷残云似地淘汰出市场,必须放宽视野,认识到文化变革的重要性。让主动积极的改变成为常态,方能应对不断变化的时代。企业文化只有随着企业的发展而变革,与时俱进,革故鼎新,才能充分发挥其促进企业发展的作用。

企业文化的形成是一个漫长而复杂的过程,企业要懂得为文化这颗种子提供生根发芽的土壤,令其茁壮成长。

总而言之,只有使企业文化与市场实现最大程度上的融合,才能有效发挥企业文化的作用。文化是企业发展的方向指南,企业只有选择正确的发展方向,其努力才能有所收获,才能在市场中立足,否则一切都是徒劳。文化是企业的精神指引,它为企业员工提供信仰和精神支持,使企业有德有信,帮助企业树立良好的形象,打造知名品牌。只有在正确的企业文化的指引下,企业才能海纳百川、汇集强大能量,才能提升市值,走向更加广阔的未来,赢得更多的财富。

# 第五章
# 市值裂变的顶层设计

市值是企业壮大的意义，市值是企业生存的根基。企业要想占据制高点，就需要有前进的资本，需要有市值裂变的顶层设计路线。

企业可以通过多种渠道进行市值的裂变，除了通过资本市场的融资渠道，还可以借助企业内部的力量。本章向企业展示了，在重构资本的过程中，如何通过战略规划、价值逻辑、组织结构更好地搭建"重构资本"的高塔，为企业创造无形的价值。

# 第五章
市值裂变的顶层设计

## 第一节 战略行动锁定资本价值

被誉为"现代营销学之父"的菲利普·科特勒曾经表示，中国企业最普通的软肋、最流行的隐患就是：战术丰富、战略缺乏。据新浪财经报道："埃森哲也曾针对中国企业的战略规划做过一次大调查，而调查结果显示，12.8%的受访者认为中国企业的'战略目标不清晰'，31.8%的受访者认为企业'没有对战略计划的执行情况进行评估'，11.4%的受访者认为'制定的战略实施计划不具可操作性，不能落实'。"

企业的发展可以推动国家经济的高速增长，然而，很多企业却始终无法具有国际竞争力，最大的原因便在于企业缺乏明晰、长期的发展战略。大多企业缺乏长远的方向及战略目标，在激烈的市场竞争中盲目跟风，短时间内可能因当前的市场趋势及机遇而崛起，然而，这样的企业也极易被市场所淘汰。

因此，战略规划是企业长久发展的保障。无论是短期抑或是长期战略规划，都能够为企业明确目标与方向，从而使得企业为了实现既定的目标发挥出自身的价值。另外，制定战略规划可以使得企业内部形成团结一致的价值理念与发展愿景，从而使得企业内部创造出无限的价值。企业重构资本的目的是提升企业价值，企业重构资本的过程便是提升价值的过程，而战略规划作为企业发展的基石，能够为企业重构资本塑造良好的根基。

### ◇ 以战略，谋价值

很多企业深知战略规划对于企业的发展有着重要作用，然而，企业制定并落实长期发展战略目标却不是一件轻而易举的事情。尤其是很多企业想要以更高的价值进入资本市场，更不是一件易事。

当前的中国资本市场愈发开放，对一些企业的发展起到了推波助澜的影响。一些具有特色的创业企业可以借助资本市场的力量快速崛起，而一些优质的企业也可以通过资本运作开辟新的产业领域，获得更大的发展空间。未来会有更多的企业进入资本市场，以资本的力量为企业强筋壮骨。

企业要想以更高的价值挺入资本市场，便要在前期做好提升价值的规划，沉淀自身的价值。因此，战略规划成为企业创造价值，构建价值体系的重要因素，企业要明确好自身的战略目标，明确企业的愿景，并以此为旗标，制订好每一步计划，细化每一个节点的实施过程，从而在资本市场获得更高的市值回报。

企业战略规划既有总体规划，又有着多个层面的战略规划。例如，品牌战略规划、营销战略规划、人力资源战略规划等。企业需要从多个层面制定战略规划目标，为企业积累价值，更为企业重构资本做好沉淀。

品牌战略规划。品牌代表着企业的形象，是企业无形的资本，更是企业提升价值的要素。打造好的品牌可以为企业吸引客户，从而为企业创造持续无限的价值。因此，企业必须对品牌做出战略性规划。

企业首先要明确你是一家多品牌的企业，还是单一品牌的企业，并根据品牌定位制定目标与愿景。企业正在快速进入品牌时代与资本时代，品牌与资本相互交错、相辅相成，品牌要做大做强，便需要借助资本的力量，有了资本的运用，企业品牌才能得到更大的推广，品牌为企业所带来的附加值才能得到提升。

中粮集团是中国最大的粮油食品进出口公司，同时也是具有竞争实力的食品生产企业，在国家粮油市场有着良好的声誉，多年来一直位列《财富》世界500强企业。

然而随着中粮集团下属分支的不断增多，中粮集团面临着其品牌如何在下层分支公司体系中得到准确使用、中粮品牌如何与下属各产品品牌进行有效的架构关系呈现等问题，针对这个情况，中粮集团进行了一系列的品牌战略规划。

中粮集团对下属的各职能部门、公司机构进行了板块化归位，明确了各自产品所在的品牌关系板块；同时，中粮集团对下属的众多产品品牌进行"统一使用中粮品牌、中粮集团背书品牌、独立品牌"的管理。例如，"福临门""金帝""长城"等使用了"中粮出品"的强势品牌背书。

中粮集团通过制定品牌战略规划，以知名子品牌加大消费者对中粮集团品牌的认知，而中粮集团品牌为子品牌提供信誉保证，使得众多品牌协同促建中粮集团强势企业品牌。

营销战略规划。企业的营销战略规划决定着其盈利水平，好的营销战略规划能够为企业带来持续性盈利。因此，企业在制定市场营销战略时，要对市场环境做出具体分析，把握客户心理，了解客户的真正需求点，掌握市场动态。

河南马丹阳健康科技有限公司提出的一切围绕市场需求、一切服从市场需要、一切服务市场发展的经营思路，恰恰体现了其对市场分析的重视。有了对市场的了解，结合自身特点，公司制定了一套与其他医药企业不太一样的营销推广战略。将技术培训和加盟门诊相结合，在全国范围内大力推广鼻炎整体疗法和过敏性鼻炎序贯疗法。这一战略使公司改变了单纯的产品推广模式，通过产品、技术和营销的全方位扶持，帮助加盟店成长，从而有效提高了加盟店的销售额，为企业带来更多盈利。可见，制定合适的营销战略，无疑是在为企业打开财富大门。

企业在实施营销战略规划的过程中，要确保落实营销模式。例如，免费模式。免费模式的实施虽然需要企业投入大量资本，然而前期资本的投入会为企业带来流量，而流量则可以转化为企业盈利点，使企业获得更多的资本，也为企业创造出更多无形的价值。

人力资源战略规划。人力资源战略规划可以为企业培养人才，人才是企业发展的不竭动力，企业制定人力资源规划可以利用人才为企业创造出更高的价值。因此，企业要进一步加强人力资源组建管理，加大在用工培训与学习上的资本投入。

人才是企业的"摇钱树"，企业培养出一批勇于创新的人才，从而完善人力资源管理体系，使得企业在管理、技术、产品、文化等方面有所建树，能够极大地提升企业的内在价值，为企业赢得长久、持续性发展的动力。

### ◇ 以规划，定乾坤

企业的战略规划可以从多个层面制定并实施，然而，无论企业所制定的战略规划对于企业来说具有着怎样的意义，企业在制定战略规划的过程中，都需要遵循以下几点原则。这几点原则适于企业所有层面的战略制定，企业也只有遵循这几点原则，才能制定好完美的战略框架，为企业以更高的价值进入资本市场、为企业重构资本定下乾坤之势。

1. 与市场环境相匹配的原则

市场环境是企业发展走向的重要依据，更是企业制定战略规划的主要参考因素。企业需要通过市场调查等工作，分析当前的市场环境，并据此对未来的市场环境做出前瞻性的推测。同时，分析自身内部的能力与优势，结合外部市场环境，明确自身资源存在的差距，从而调整战略定位，制定好整体的战略规划。

2. 与经济协调发展的原则

现代经济的发展是企业发展的重要依据，企业的发展能够助推经济的发展，反之，经济的发展也可以作为企业发展的重要标准线。企业要坚持与经济协调发展的原则，企业跟不上经济发展的的步伐，会被时代所淘汰；企业超越经济发展，会形成泡沫经济，一旦经济泡沫消失，企业则会陷入深渊。因此，企业制定的战略规划目标要与经济协调发展，只有这样，企业才能与市场经济保持一致的前进步伐。

3. 坚持可执行性原则

很多企业所制定的战略目标过于远大，不符合企业当前的发展节奏，从而导致企业不能保质保量地完成既定的战略目标，或者无法执行战略规划。因此，企业制定战略规划要坚持可执行性原则，要符合企业的发展节奏，根据企业的市场环境，结合企业内部所具有的资源，制定战略目标，以保障战略规划的可执行性。

4. 具有可调节性原则

企业在制定整体战略规划时，要坚持与市场环境相匹配的原则。但是，市场环境是多变的，因此，企业在制定每一个节点的实施步骤时要注意使其具有可调节性，做出备用方案。一旦市场环境发生变化，企业可以最大限度地降低变化对战略规划所带来的影响。此外，企业还需要根据战略规划在实施过程中得到的评价与反馈，来适当地调整战略，以便更好地实现战略愿景。

5. 坚持与国家决策相一致原则

企业制定的战略规划要符合国家的决策，与国家制定的发展规划相一致。国家所制定的战略规划目标，如"十二五"规划、"十三五"规划等皆是从国家层面进行的决策，企业要想使其制定的战略规划能够为其带来更好的价值体系，跟随国家决策是必须坚持的原则，只有坚定不移地与国家决策相一致，企业才能得到更好的发展。

国家的新决策常常能给企业带来新的商机，"一带一路"倡议的实施就给中国以及沿线国家的企业带来了巨大的发展机遇。及时抓住这次机遇，在战略上与之呼应，有助于企业快速提升自身价值，实现资本快速增长。

新加坡惠义财富管理公司是一家提供财务咨询、保险投资、企业顾问、信托安排等综合金融服务的企业。将客户的资产进行全球范围的综合配置是公司的重要业务，而对各个国家政策的了解是他们工作的前提。只有了解这些国家的战略和决策，才能把握好企业的发展方向，引领客户投资到世界各地，完成全球资产配置，分享世界发展的巨大红利。公司总裁黄新宏看准了"一带一路"倡议带来的机遇，立志将公司的业务从现有的新加坡市场、中国市场和美国市场继续向外拓展，打入"一带一路"沿线国家，为更多人提供值得信赖的金融服务。

国家战略对企业的发展前景有着决定性的影响，因此，一个好的企业在制定战略时，必然不会与其背道而驰。

当一家企业能够成功地制定和执行价值创造的战略时，企业便可以获得更多战略规划过程中所创造的价值，战略规划可以说是企业的"指向标"，为企业明确着前进的方向，而企业实施战略规划的过程便是企业将战略转化为企业价值的过程，每一层次的战略规划皆可以为企业创造出无限的价值，当企业将价值积累到一定程度时，便可以以高于其他企业的价值，进入资本市场，获得资本的青睐。

# 第二节 价值逻辑重塑企业本质

你要赚钱的企业还是值钱的企业？

如今的资本市场对企业发出了如此深沉的疑问。企业在经历了利润流战略、现金流战略之后，曾一度陷入迷茫，当市值战略被提出之后，企业看到了新的希望。然而，很多企业依然沉浸在利润与现金的美好泥潭中，将企业所获取的资本默默攥在手中，而不是利用资本为企业创造再生价值。因此，这样的企业在投资者的眼中便成为赚钱的企业。

赚钱是企业的本质。然而，如今的市场看重的不再是企业赚钱的能力，而是企业的价值。企业初创之际便被赋予了无形的价值，企业的价值在当前的资本市场就如同砧板上的肥肉，内在价值越大，资本越趋之若鹜，竞相与之。

企业价值的生成逻辑其实是价值发现、价值创造、价值优化的过程，这一过程可以挖掘企业的"价值潜力"，放大企业附加值，使得企业在资本市场成为"潜力股"，从而吸引资本。资本的投入，可以放大企业价值，提升企业市值，为企业在重构资本的道路上增添一份助力。

## 重构资本
RECONSTRUCTION CAPITAL

### ✧ 为了远行，重塑价值

资本不仅仅是资本，资本的背后有着多种潜在的属性与价值，企业要想在重构资本的过程中充分挖掘和利用资本背后的附加值与资源，就要了解并学会运用价值逻辑，这是企业重塑价值，提升市值，长久持续发展的基点。

资本市场从来不差钱，而是缺少价值发现者。所谓的价值发现，是指企业管理者通过对市场发展趋势敏锐的嗅觉，探测或者挖掘出资本市场中尚未显现或者尚未完全崭露头角的潜在价值，而这一过程，便被称为价值发现。

农业在很多人眼中是低利润行业，江西省金刚山生态农业开发有限公司（以下简称"金刚山公司"）却在其中发现了新的价值。近年来农业发展存在一大痛点：一方面农户面临技术难题和市场困惑，而另一方面市民有钱却很难买到安全放心的农产品。面对这一矛盾，金刚山公司的创始人刘强萌生了成立一家原生态综合性农业开发公司的想法。

目前，公司通过打造现代化农业产业标杆，形成了赣南果蔬的著名品牌。为了充分展现新型农业的价值，金刚山公司建造了农业新品良种引进示范园区、农业设施设备使用技术集成测试中心，以及蔬菜专业技术人才培训基地，逐步形成了示范基地+合作社+农户+电商+资本运作的合作模式，既帮助了当地农户脱贫致富，又为客户提供了优质的产品和消费体验。2017年11月，金刚山公司成功在江西联合股权交易中心挂牌，进入四板市场。

成功的企业，总是能从原有的行业之中找到新的价值，提升企业市值。周鸿祎在看到传统杀毒软件存在的弊端后，重新审视软件市场，而后，360杀毒软件便成为软件市场的一匹"黑马"；互联网初露端倪，马云便依靠其敏锐的市场嗅觉，发现了隐藏在互联网背后的巨大价值，从而组建团队，创建了阿里巴巴集团……

无数鲜活的案例都在说明，无论是创业者还是已经完成创业的企业管理者，要想走得更远，就要有发现价值的能力。发现价值并不意味着企业便可以高枕无忧，如何将所发现的价值转化为企业的内在价值才是关键所在，因此，价值创造便成为价值逻辑中的重要环节。

企业在运作的过程中往往需要将企业的核心能力与资源进行整合，将所发现的价值结合企业当前的发展路径，重新分配资源，使企业的运营更加合理化。同时，企业通过一系列手段对企业的产品、服务进行重新匹配，这一过程便是为企业、顾客创造价值的过程。

企业要想创造价值，关键在于找到最佳立足点。例如，一碗大米，单纯地蒸熟，在饭店的售价仅是 2～3 元，而它对于顾客来说，价值也仅仅局限于饱腹；如果将大米磨成粉，加工成糕点，那么价格便涨到了十几元，而此时它的价值除了解决饥饿，还可以为顾客带来视觉上的美感。

企业站在不同的视角，可以创造出不同的价值。价值创造更多地体现在企业利用自身的产品与服务为顾客创造价值的过程，而企业为顾客创造价值在无形之中也为企业创造了内在的价值，用户是企业提升市值最大的因素之一。

企业创造价值的过程中还需要注意加以优化，价值优化的过程便是企业持续盈利的过程。企业在为顾客进行价值创造后，要想吸引顾客，实现用户黏着，后期的价值优化，即对产品、服务等方面进行创新再造，增强用户的良好体验是关键。

在价值优化的过程中，资本的运用是实现价值优化的内在动力。企业需要通过合理运用资本，研发专利或提升技术，挖掘企业的"潜在价值"，从而提升产品的附加价值，实现企业利益最大化。

## 重构资本
RECONSTRUCTION CAPITAL

### ◇ 走值钱的路子

价值逻辑为企业呈现出重塑价值的法则,在重构资本的过程中,曾经追求利润流、现金流的企业便需要向着市值奋进,只有打造出值钱的企业,才能在资本市场获得一席之地。山东西王食品有限公司(以下简称"西王食品")作为新崛起的企业,便以价值逻辑贯穿着整个企业的运作。

西王食品原来以生产食用酒精、玉米胚芽以及各种饲料为主,然而随着市场的饱和,企业的发展遇到前所未有的瓶颈。此时,该公司董事长清楚地了解,如果继续在企业原有的业务中进行深化是不可能的,企业的市场空间将会越来越小。因此,西王食品决定纵向扩张。

他们发现,除了生产食用酒精、玉米胚芽之外,通过技术对玉米胚芽进行提炼加工,可将其制成玉米油,面向市场销售。单这一环节,便可为企业增加6%~8%的利益,这一价值的发现,使得西王食品在玉米油行业遥遥领先。

单纯的玉米胚芽对于消费者来说,也许没有过大的价值,然而当玉米胚芽经过技术加工,变为人们日常生活的必用品之后,它的价值便不言而喻了,而这一过程便是西王食品进行价值创造的过程。

西王食品之所以能够在短时间内便深受消费者的喜爱,除了玉米胚芽油这一特色产品外,还在于西王食品在价值创造过程中所进行的价值优化。

物质生活的提高使得人们越来越注重身体健康,尤其在食品方面,愈发注重营养均衡。而西王食品便针对消费者这一需求,对玉米胚芽油从原料选取到深层次的加工皆做了精细化管控。在原料的选取上,全部选用优质玉米胚芽。另外,需要经过八道工序的精炼,80万粒玉米胚芽才能提炼出一瓶5升的玉米胚芽油,也因此,被称作"黄金液体"。

公司大力实施"科技强企"战略,不断加大科技创新力度,申请各类专利 52 项，填补国内空白技术 1 项。自主研发的西王鲜胚玉米胚芽油"六重保鲜工艺"，从根本上确保了产品的品质，保证了玉米油天然、绿色、健康的优点。

西王食品的价值优化过程为企业品牌赢得了市场，更为企业实现持续性盈利创造了条件。西王玉米胚芽油连续四届被评为"山东名牌产品"，连续六届获得 IEOE 中国国际食用油产业博览会金奖，2015 年获消费者最喜爱的食品品牌。2011 年 2 月在深圳 A 股主板上市，成为首家登陆国内 A 股主板的玉米油企业。

西王食品的成功便是依照价值发现、价值创造、价值优化的价值逻辑，挖掘了企业的"价值潜力"，实现了企业价值最大化。然而，需要注意的是，企业在运行价值逻辑的过程中，要设计好价值链中的每一个环节，保障价值链的顺畅发展。同时，企业还要时刻注意市场环境的变化以及发展动向，时刻了解用户的需求变化，在运行价值逻辑的过程中，要有一定的前瞻性，以便能够及时进行调整，使得价值链中的每个环节环环相扣，为创建值钱的企业做好良好的保障。

重构资本
RECONSTRUCTION CAPITAL

## 第三节　组织结构垒建市值高塔

1978年是中国改革开放的元年，正如吴晓波在《激荡三十年》中提到的："这一年，整个中国都感受到了一种命运的召唤。"整个中国的市场更是仿佛被重新激活，一代企业家的骨骼在这一时刻无声生长，各路英豪纷纷登场，而美的也在命运的召唤之下，进入了家电行业，并顶起了家电业的半边天。

1980年，美的正式进入家电行业，并搭建了直线职能制的组织结构。1997年，美的产品类型急剧增多，再加上外部环境变化，市场竞争日益激烈，传统的组织结构已经无法满足美的的产业发展。因此，美的从传统的直线职能制组织结构调整为事业部制组织结构，形成了以市场为导向的组织结构。这一组织结构的调整使得美的内部形成了高度稳定性与适应性，也使得美的的产品研发更加具有专业性，为美的之后的发展起到了不容忽视的作用。

面对多变的商业环境，良好的企业组织结构能够为企业提高经营效率、提升竞争优势提供有效的保证。因此，对于任何一家企业来说，组织结构都是企业内部运行的必要条件,更是企业发展壮大、提升市值的重要源泉。

### ✧ 组织结构下的资本之路

资本从哪来?

资本需要依靠企业提升价值而来。

价值从哪来?

价值需要依靠企业提升技术、研发产品、塑造品牌……而来。

技术、产品、品牌从哪来?

从企业的组织结构而来。

组织结构是在企业内部形成的一种组织运行框架,任何一个组织必然有其组织结构,组织结构支撑着组织有序地运行。

企业的本质是赚钱,而赚钱的本质是为了以资本提升企业的市值。组织结构支撑着企业的运行,企业如果没有搭建好行之有效的组织结构,企业便会失去基本的"生命",因此,组织结构就如同是构成企业的"大骨架",撑起了整个企业的运作。

在一个主次分明的组织结构下,组织内的成员可以清楚地了解到自身的角色及责任,明确什么样的任务该由谁执行,什么样的抉择该由谁做出,从而很好地避免了职责的双重运作,进而避免资源的浪费。

组织结构是企业运作的基本条件,它并不是一成不变的,需要随着企业的发展而不断地演变,不断创新、不断发展,从而适应企业的发展环境。只有能够与企业发展相契合的组织结构,才能成为企业提升技术、塑造品牌,进而提升价值,实现企业市值裂变的坚实"后盾"。

华为技术有限公司(以下简称"华为")在成立之初仅仅是一家生产用户交换机的香港公司的销售代理,然而经过20多年的不断调整,经历了多次的战略和组织结构的变革,如今的华为已经成为电信业的主力军,成为世界500强企业。

华为从最初被动地进行组织结构的变革到为强化竞争力而主动地、有意识地去让组织结构适应企业的发展，正是其不断发展壮大的动力之一。

华为初成立之际，员工人数仅6人，产品的研发种类单一，因此，所搭建的便是直线制这种简单、便于管理的组织结构。也正是这种灵活、易调节的组织结构，为华为初期迅速完成资产积累奠定了基础。

华为在进行资本积累的同时引进人才，开始了产品的自主研发。员工总数从最初的6人扩大为800人，产品也从单一的交换机向其他数据通信产品机及移动通信产品扩张，在市场中不断开辟新的领域。

而此时，简单的直线制组织结构便不能再满足华为的管理需求。2003年，华为对组织结构进行了重大调整，由集权式结构向产品线结构改变，形成直线职能制组织结构，以应对快速变化的市场。

2007年，华为的分公司、部门在全球范围内不断增多，华为再次进行了组织结构变革，由原有的直线职能制转化为事业部制。华为将地区部升级为片区总部，成立七大片区，各大片区拆分成20多个地区部，使指挥作战中心进一步向一线转移。

2011年华为再次进行组织结构改革，形成较为完善的矩阵式组织结构。横向是按照职能专业化原则形成的区域组织，纵向则是按照业务专业化原则设立的四大业务运营中心。

华为虽然没有上市，然而根据业界人士对华为的估值，其市值高达2.2万亿人民币左右，这样惊人的市值，离不开其组织结构的一次次裂变。华为组织结构的调整都是围绕权力的放与收进行的，随着企业的不断壮大，华为需要不断调整组织结构来适应企业生产的需要。华为的每一次组织结构优化都是生产力的一次解放，正是华为对组织结构的不断调整，使得华为的经营水平与组织竞争力得到提升，从而发展成为世界一流的企业。

## ✧ 创优时代，创优结构

组织结构被视为企业运行的根基，在这个大力宣扬创优的时代，企业要想高效、优质地发展，便要对组织结构进行不断优化，尤其在最初对组织结构进行设计时，就需要充分考虑到以下几个基本因素。

1. 决策链

决策链也被称为命令链，是一种上下传递的权力路线。在设计组织结构时，要明确从组织最高层到最基层，谁应该向谁报告工作，谁对谁负有直接或者间接的责任。

为了加强协作，组织结构中的每一层职位在决策链中都需要具有一定的职责与地位。每一层级的管理者为了能够对下一层级的任务具有一定的决策权，便要有一定的权威性，在组织结构中要明确每一层级的管理者的决策权是什么，能够下达怎样的命令。决策链之间要有一定的连续性，要一个层级对应一个主管，以避免决策链中出现一个层级对应多个主管的现象，从而避免决策的冲突与无法执行。

2. 时效性

初创企业在设计组织结构时要考虑到组织结构的时效性，即组织架构的搭建需要与企业未来 3~5 年的发展规模相匹配。因此，企业管理者在构建组织结构时要对企业的未来做出详尽的战略规划，如此，才能设计出适合企业发展规模的组织结构，而组织结构中的成员也会对企业的发展空间以及方向有着深刻的了解，从而使成员产生强烈的归属感。此外，具有一定时效性的组织结构也能够使组织成员具有一定的稳定性，这对于中小企业来说，尤为重要。

3. 核心职能

企业在设计组织结构时常做不到面面俱到，因此，组织结构的设计必须要围绕企业的核心业务，充分考虑企业的核心职能，并根据核心职能，构建组织结构的核心。例如，企业必须具备行政管理、业务管理、人事管理等职能，在设计组织结构时，便要根据这些职能要求设立相应的部门，以确保企业当前的运行需要。

4. 企业自身的特点

对于一般中小企业来说，组织结构的设计不要过于烦琐，横向结构不需要过多，应该更多地加强纵向结构信息传递的速度与准确性，从而使得企业组织结构中的高层能够及时了解企业整体情况，从而快速做出决策。对于初创企业，人数较少，组织结构的层级设置无需过多，分工也无需过细，要注重高效性。还要注意组织结构中信息沟通的顺畅性以及部门之间的协调性。

美国钢铁大王卡内基曾说："将我所有的工厂、设备、市场、资金夺去，但只要公司的人还在，组织还在，那么，四年之后我仍会是个钢铁大王。"企业组织结构的好坏在很大程度上决定了一个企业是否优秀，能否创造伟大的业绩。组织结构搭建得好，可以在企业内部形成强大的凝聚力。否则，组织成员各自为营，企业内部便会形成"一盘散沙"，甚至出现"窝里斗"的现象。因此，搭建好的组织结构，也是为企业价值的提升所做出的顶层设计，是企业重构的强大支力。

# 第六章
# 市值增长的路径选择

提升市值,是不同企业追求的共同目标。然而,重构资本、提升市值,企业是否有路可选?

本章将从以下三个方面阐述企业提升市值的路径选择:首选——优先进入高利润区,获得资本市场的话语权;关键——掌控并降低资本风险,保证市值的稳定提升;目的——关注资本行为的后续价值,注重企业的长远利益。

企业只有选择正确的路径,才能实现其市值的提升甚至裂变。

# 第六章 市值增长的路径选择

## 第一节 首选：优先进入高利润区

放眼望去，全世界真正成功的大企业，都在关注着同一件事——市值增长。在今天这个时代，市值俨然成了一种"风暴"，正在席卷整个资本市场。在市场中，企业称霸的依据不是资本，而是市值，资本是企业外在的财富，而市值则是企业隐藏的无限财富。因此，企业打造资本的最终目的是增加市值。

然而，市值的增长对于企业来说并不是一件易事，需要从各个方面着手，而企业要想真正实现企业市值的增长，优先进入高利润区是其首要选择。

### ✧ 远离"红海"，畅游"蓝海"

斯莱沃斯基曾经在其所写的《利润模式》一书中提到"利润区"这一概念，利润区是企业生长的"土壤"，高利润区则是孕育企业超速盈利的肥沃"土壤"，是企业脱离"红海"，摆脱与同类企业白热化竞争，跳入"蓝海"的不二法门。

高利润区指的是在产业价值链的某个环节能够创造出更高价值的空

## 重构资本
RECONSTRUCTION CAPITAL

间,一些企业在这一环节中往往可以创造出比产业链其他环节的企业更高的平均利润。高利润区是企业制胜的前提条件,更是企业市值增长的重要路径。一旦企业能够优先进入高利润区,便意味着其能够挖掘市场潜力,快速占领市场先机,这样的企业也是资本市场中的首选。

国内外的很多成功企业家,都是发现高利润区的"高手",他们通过洞察市场及产业的发展趋势,挖掘人们的潜在需求,优先进入高利润区。

2011年,在代驾行业崛起了一个全新的代驾公司——e代驾。当时的代驾市场已经进入瓶颈期,e代驾的出现在很多人看来是自寻死路,然而,令人想不到的是,e代驾不但没有"昙花一现",而且在2014年宣布完成新一轮2500万美元的融资,估值约2.5亿美元。是什么让e代驾在短短4年时间里创造出这样的奇迹?就是其优先进入高利润区的智慧。

移动互联网的快速发展使e代驾总裁杨家军看到了代驾行业的新出路。杨家军说:"2011年,我们从决定做代驾起,就在思考,如何借助移动互联网技术改造传统酒后代驾这个行业。我们将LBS技术引用到代驾领域,用网络技术手段解决了传统代驾的用户痛点。"

传统代驾的第一个痛点就是代驾到达慢的问题。e代驾针对这一痛点构建了一个"小e"智能运营系统,融合了客户接单、司机管理、客户服务等多个环节,形成了一个高效的O2O闭环系统。用户打开e代驾客户端就可以寻找到离其最近的代驾司机,司机平均9分钟即可到达,避免了醉酒用户漫长的等待,解决了传统代驾到达慢的这一痛点。

传统代驾的第二个痛点便是用户安全无法得到保障的问题。e代驾在司机招聘上进行了严格的筛选考试。5年以上的驾龄是e代驾的硬性标准。此外,e代驾还推出了代驾责任险,最高赔付200万元。

在为用户服务方面,e代驾提出了40项服务标准,并通过夜查等方式检验司机服务,以此不断优化服务品质。例如,一旦发现司机多收费等现象，司机必须三倍返还于用户，极大地保障了用户的财产利益。

传统代驾的第三个痛点是代驾费用高的问题。e代驾充分利用移动互联网平台特性，建立了一个用户与司机直接对接的平台，减去了传统代驾中酒店抽成的中间环节。相较于传统代驾动辄两三百的代驾费，e代驾最低19元起，降低了代驾费用。

e代驾的成功在于充分挖掘了移动互联网这一高利润区，在准确地把握用户需求的同时，通过移动互联网所具有的便利性，有效地解决了传统代驾中出现的痛点。

发现高利润区是企业取得成功的首要条件，而进入高利润区才是关键。高利润区往往隐藏在市场趋势、客户需求、人类本性等各个方面，谁能发现高利润区，并通过独特的方式进入高利润区，谁才能打造出超盈利的制胜之道，也才能为企业市值的裂变提供新的引擎。

### ◇ 通关法宝，四计足矣

高利润区对于企业来说至关重要，关系着企业能否成为资本市场的"新贵"。雷军曾经说过："找到最肥的市场，顺势而为。"对于企业来说，发现高利润区在于一个"势"字，而进入高利润区则需要依靠四计。

第一计：在价值链的薄弱环节寻找高利润区

产业价值链往往会分成几个环节，每一个环节都有着不同的盈利之道，在绝大多数的行业，高利润区往往集中于价值链的薄弱环节。

例如，在全球汽车行业中，汽车制造企业占整个汽车行业销售额的26%，利润却只占7%；汽车购买贷款和租赁业务只占整个行业销售额的2%~3%，利润却占了20%左右。

从整个产业价值链来看，汽车金融环节是整个产业链中的薄弱环节，这一环节往往竞争力不足，因此，这一环节才是这个产业链的高利润区。

## 重构资本
RECONSTRUCTION CAPITAL

世界著名的汽车企业福特便敏锐地发现了这点，重新调整了自身的业务，将目光放在了汽车租赁与融资服务上，目前福特在汽车金融方面的收入可以占到其总利润的10%~15%。

企业要想进入高利润区，便要了解整个产业价值链中的最薄弱环节是什么，只有这样，企业才能在竞争尚未兴起之前，以较少的投入优先进入高利润区。

第二计：在微笑曲线两段寻找高利润区

宏碁集团创办人施振荣先生提出了"微笑曲线"这一概念。微笑曲线最初被用于诠释电脑行业不同环节与其价值之间的关系，包含研发、设备、材料、零件、加工制造、销售、传播、网络、服务等环节，而其利润则是由高到低，再由低至高，呈"V"字形，加工制造环节位于曲线底端，其他环节离加工制造环节越远，实现的附加值越高，而研发与服务便位于曲线的两端。

微笑曲线将价值转向两个极端点，那么对于企业来说，要想进入高利润区，就需要采取两种策略：

一是通过技术研发加强竞争，占领技术制高点。以技术改变竞争格局在高科技领域尤为突出。高科技领域多以技术为主要竞争力，只有不断寻求技术上的创新，促进技术价值增长，企业才能成功进入高利润区。

二是通过服务占领制高点，通过服务进入高利润区。服务化是如今很多企业所追求的一种企业模式，在如今这个体验为上的时代，服务已经成为一种新的消费形式，很多客户注重的不再是产品本身，而是服务。因此，企业通过服务占领产业制高点，同样可以成功进入高利润区。

第三计：在行业边界寻找高利润区

所谓的行业边界，便是产业与产业之间的界限。随着产业内部竞争进入白热化阶段，很多企业纷纷在行业内寻找新的出路，而一些对商业环境异常敏锐的企业家便将目光投放到了行业边界，意图打破固有的思维模式，打破行业边界的禁锢，进行跨界。

目前有很多企业开始了跨界之旅。例如，跨越电子与家电的小米，跨越互联网与金融的余额宝等，都是通过跨界的形式，进入了高利润区。

跨越行业边界需要企业拥有打破禁锢的勇气，如果一味地畏首畏尾，不敢颠覆传统，企业便会陷入更加惨烈的市场竞争的漩涡之中，无法自拔。

第四计：在消费者需求中寻找高利润区

消费者需求是最大的高利润区，尤其是尚未被满足的需求更是隐藏的高利润区。很多企业便是通过挖掘客户尚未被满足的需求，从而创造出原行业中不存在的新价值，从而开辟出新的高利润区。

企业需要注意的是，对于客户需求点的把握。大家都听说过两个皮鞋销售员到非洲去开辟市场的故事，其中一个销售员认为非洲人不穿鞋，鞋在非洲没有市场，而另一个人则认为，非洲是一个巨大的市场，最后的结果证明，非洲确实是一个尚未被开发的鞋业市场。

因此，对于企业来说，同样需要明白，一个尚未被开辟的市场，不是不存在需求点，而是尚未有企业满足市场中存在的需求点。只有满足尚未被满足的需求点，企业才能成功进入高利润区。

这是一个充满希望的时代，这是一个充满失败的时代；这是一个有着无限可能的未来，这是一个有着无数陷阱的未来，企业在这样的时代沉浮，企业在这样的未来涅槃。想要不被一个时代所淘汰，想要主宰一个时代，就要了解这是一个什么样的时代。

这是一个市值为王的时代，企业只有把握市值路径，才能在资本市场获得话语权，为企业的发展带来捷径。而企业要想成为一家值钱的企业，使市值产生裂变，就要选择好路径，优先进入高利润区便是企业提升市值的首选捷径，沿着这一路径，企业才能在市场中攻占高地。

## 第二节　关键：远离资本高危险区

资本固然可以使企业的市值产生裂变式的增长，但是，机遇与风险如同一对双生子，高利润往往伴随着高风险。例如，长虹集团曾因风险控制不到位而使债务过重，导致发展一度停滞不前。因此，在整个市值大裂变过程中的关键便是管控并降低资本风险，确保企业可以稳步发展。

对企业来说，风险管控是一件极为重要的工作，它关系到企业资本的安全与增殖，做好风险管控工作有利于企业提升在市场中的竞争力，促成企业市值实现跳跃式的增长。

### ◇ 双生子：机遇与风险

一波又一波的时代风口出现，一批又一批的企业蜂拥而至，这些企业想要把握风口机遇"一飞冲天"，可是结果却是不仅投入的资本打了水漂，当初的满脸自信也在负债累累下变为垂头丧气。这是因为，机遇从不孤身前往，它与风险总是一同现身，只见机遇不见风险的企业势必要受挫而返。

风口充满机遇，同时也充满风险。当行情不利，资本风险到来，整体实力偏弱的中小型企业往往束手无策，它们只能干等着惨重损失一步步地靠近。例如，赶上共享单车风口的企业数量众多，但是当机遇渐退风险放大时，共享单车中的中小型企业便一家又一家地走向了末路。

风险，在学者口中的表述常常是"损失的可能性""潜在损失的变化范围与变动幅度""损失出现的机会和概率""在特定环境下和时期，某一事件产生的实际结果与预期结果之间的差异程度""一种无法预料的，实际后果可能与预测结果存在差异的趋向"等。这些表述的共同点无非是风险会给企业带来不可预料的损失，因此当看到机遇时，企业必须对相应的风险进行管控，以绕开风险或者降低风险对企业资本的负面影响。

对我国的中小企业来说，其虽然在市场经济下取得了快速增长，并成长为国民经济中最具活力的经济增长点，但是与大企业相比它们在资本方面依旧处于弱势。技术、人才、信息等方面的不足，让中小型企业在融资过程中面临资金筹措失败的风险，而且即使成功得到资本注入，它们又要面临资本未能产生预期回报使偿债能力下降的风险。

企业在发展中的各个环节都离不开资本的支持，因资本不足而影响正常运转从而使企业错失发展的高速期，带来难以弥补的损失，这种案例比比皆是。同时，资本的科学合理使用可以为企业带来巨大的收益，但是使用不当则会给企业带来海啸般的灾难。

企业的发展不可能一帆风顺，那些显性的或隐性的风险在时刻考验着企业，等企业摇摇欲坠之时再给予致命一击。因此，企业要想得以生存，必须增强风险管控能力，如此才能渡过一个个难关。

### ◇ 渡难关：管理与控制

采取科学有效的方法加强在资本风险方面的管理与控制，是企业实现市值提升和稳定发展的关键，有利于实现资本的合理利用和良性循环，有利于企业及时发现资本在筹集、调配等方面的问题并及时予以调整，有利于提升企业的市场竞争力。

具体来说，风险管控主要可分为控制型风险管控和财务型风险管控，类型不同采用的具体方法也有差别。其中，控制型风险管控是企业在融资中为避免、消除或减少风险发生而采取的方法，主要有风险回避、风险控制和风险集合；财务型风险管控是风险发生后为止损而使用的一些方法，主要包括风险保留和风险转移。下面将对这些方法一一解释，以供企业在实际情景中进行参考。

风险回避是指企业通过对风险进行识别与评估，分析风险发生的条件和因素，然后在融资中进行调整以回避风险。风险回避通过放弃目前所从事的风险事件来达到消除风险的结果，是消除风险最彻底的一种方法。需要注意的是，采用这一方法时有一定的前提条件，因为放弃当前事项则相应地也放弃了当前事项能获得的收益，因此只有当风险带来的损失非常严重，且其他方法的成本过高，才建议企业采用风险回避这一方法。

风险控制是指那些企业不肯放弃也无法转移的风险，为减少风险发生的概率或者损失程度而采取的一种方法。在损失发生前，企业可以通过消除或者减少风险发生的因素来降低风险带来损失的概率或频率，具体来说，可以在事前和事后两个时间点进行风险控制。

风险集合是指当在某一环境条件下发生风险的种类比较多，企业可以将同类风险进行集合，并对有可能造成的损失进行预测，统一采取预防措施。例如，当企业进行的项目涉及的合作方数量比较多时，面对的风险也会更加多，上游、下游企业之间的摩擦与矛盾也会更加突出，采用风险集合可以很好地予以应对。

风险保留是指企业并不转移或消除风险，而是采取一些措施降低风险可能带来的损失，又被称为自担风险。一般情况下，当风险可预测且带来的损失是在企业可承担的范围内，企业可采取风险保留；或者消除或转移风险的成本非常高，或属于不可转移风险，那么企业也只能保留风险，只采取一些措施来降低损失程度。

风险转移是指企业通过一些技术或手段将可能受到的风险转移给有利益关系的另一方，其常见方式是购买保险。采用这种方法时，一方面可以通过合同条款进行风险转移，另一方面则可以通过重组将风险分散转移。

以上是企业对资本风险进行管理和控制的一些方法，每种方法都有其具体的使用条件。当面对风险时，企业要分析外部环境和内部信息，选择最适合的方法降低风险可能带来的损失，如此才能保证市值稳定或有所提升。

# 重构资本
RECONSTRUCTION CAPITAL

## 第三节 目的：资本行为的后续价值

对企业来说，所有的资本行为都是为了价值的最大化。需要注意的是价值分为短时价值和持续价值，有时看似眼前可以获得收益，但是长远来看对整个市值是有损害的。因此，企业的资本行为要考虑到其后续价值，考虑到对整体市值的提升作用。

### ◆ 自断后路的资本骗局

1919年，第一次世界大战刚刚结束，整个世界的经济一片混乱，这种环境成了那些实施资本骗术的人的温床。在整个"资本运作"过程中，表面上运作人获得了大量的利润，但是这种运作必有崩盘的一天，其也必将受到法律制裁。

查尔斯·庞兹，是一个一心想发大财的人，他利用大战之后的这种混乱局面制造了一起震惊世界的骗局——庞氏骗局。

庞兹向人们宣称，他可以利用国家之间政策、汇率等方面的不同，通过购买一种欧洲的邮政票据，然后再卖给美国，从中获取可观的利润。战

## 第六章
### 市值增长的路径选择

后，人们虽然急于改善当前生活质量，但对庞兹的理论并不是完全相信。其中，一些激进的人做了庞兹这个生意的第一批投资人，很快他们从庞兹手中拿到了承诺的回报，这刺激了当时的民众，大量的人纷纷跟进投资。

但是，真的有这么一种邮政票据吗？有，不过庞兹实际中只购买了两张，而且根本不可能带来那些所谓的利润。庞兹只是为了打消人们的顾虑才如约给投资人回报的，如此可以吸引更多的人，获得更多投资人的资本注入。

庞兹的骗局在1920年终于被戳破，他破产了，更是被判处5年的刑期。庞兹为了获得眼前的收益而不惜行骗，结果分文不剩，并得到法律的制裁；那些被收益弄得眼花缭乱而急于投资的人，资本打了水漂，经济上受到巨大损失。其实，这些都是因为没有考虑到资本行为的后续价值，导致为短利而损长利。

在如今，依旧有很多企业会被眼前的收益所蒙蔽，赶时髦地追逐所谓的"风口"，具体工作中只重形式而忽视实质，导致资本行为不仅没有发挥原有的功效，反而带来一些问题，使企业自身发展受阻。还有一些企业为了获得投资人的青睐，通过资本运作把企业包装成一个看似有着高收益的企业，然而一上市便亏损，迅速从ST变成PT，又灰溜溜地退市，或者直接垮台。所以说，这种做法不仅对投资人不利，对企业自身发展更是不利。

庞氏骗局的本质便是"拆东墙补西墙""空手套白狼"，但是却可以持续一年之久，从中不难看出人们对短期丰厚回报的盲目追捧。其中对企业的警示，一是，一个为了"圈钱"的资本运作必然无法达成"圈钱"的目的，只能是自断后路，企业要关注到行为的后续价值，如此才能让资本最大限度地提升企业市值，给企业带来实实在在的收益；二是，任何轻易便可得的收益都可能是对方编织的骗局，企业要理性进行资本投资，以免受

## 重构资本
RECONSTRUCTION CAPITAL

到巨大经济损失。

### ◇ 市值大爆发的持续发力

20世纪90年代，日本泡沫经济破裂，很多企业在这次危机中纷纷走向倒闭，经济一度陷入停滞状态。在经济萎靡不振之际，有一家企业却保持着营业利润的持续增长，这便是日本第一家居品牌NITORI。而其竞争对手宜家，则在1986年由于高成本的门店维护而退出日本市场，直到2006年才又一次进入日本市场，如今共有8家门店。

在日本NITORI的销售额是宜家的7倍，那么NITORI是如何让宜家在日本遭遇"滑铁卢"的呢？

在运营中，NITORI并没有急于扩大市场版图，其资本没有流向店铺规模与市场拓展上，而是专注于产品本身，如针对季节的不同温度而设计不同的商品，并大力开发新型都市型店铺，关注更多非大众顾客的需求。物超所值、贴心设计，NITORI在这方面投入了很多的资本，最后得到的效果便是获得更多的消费者，取得持续盈利。

对NITORI来说，顾客是其盈利的关键，于是其将资本予以倾斜，在产品和服务上下功夫。因为NITORI知道，取得了顾客的认可便有了持续盈利的结果，企业必然长青不败。

2014年，NITORI正式进入中国市场，并迅速得到了中国消费者的欢迎，在网上人们更是称其"虐哭宜家，打败MUJI"，NITORI将其在日本的模式复制到了中国，其充满后续价值的资本行为也必将使其迎来市值的再一次高速增长。

其实，不仅仅是在家居行业，身处任何行业，当企业的资本行为有了后续价值，其便可以得到不断增长的市值爆发。

"拆东墙补西墙"固然可以赚取眼前的短时利润，但是崩盘终会来临，企业也将陷入巨大的危机之中；将更多的资本投入产品、服务上，短期内难以得到高的利润回报，但是产品的升级必然会带来后续价值，让企业迎来市值的高速增长。

任何一个企业都希望可以得到持续性的盈利增长和市值增长，即使是在整体经济低迷期，即使是在行业不景气期，每个企业都希望自己可以独特地逆势增长。持续性的增长必然需要企业有持续的盈利点，为此就需要企业进行有后续价值的资本行为。

一个企业必须转变只关注短时收益的思维误区，要将注意力放在长远收益上，进行有后续价值的资本行为，如此才能达到市值大裂变的目的。

# 第七章
# 市值倍增的制胜之道

　　《黄帝内经》中记载:"通则不痛,痛则不通。"换言之便是一脉不通,周身不安,一通则百通。企业的发展如人一般,一脉不通则可能会阻碍企业的整体发展。资本是企业发展的根基,如果企业无法稳定根基,那么这个企业将面临的会是风雨飘摇。想要企业得到更好的发展,就必须打通资本这一"脉络"。

　　21世纪,商业模式"一夜爆红",已不可逆的姿态迅速席卷资本市场。但是在快速更迭的时代,商业模式应添加全新的要素,帮助企业赢得更多的资本青睐和企业市值。

# 第七章 市值倍增的制胜之道

## 第一节 重构之初，模式演绎

"互联网+"以雷霆之势迅速席卷各大行业，各行各业都受其影响，为顺应这一发展潮流，企业必须顺势而为，有所改变。而在这一改变过程中，最先接受挑战的不是技术，而是企业的商业模式。技术创新已经不再是优秀企业区别于普通企业的唯一标准了，但是这并不是意味着技术创新不重要，而是说明企业只有技术创新是远远不够的。

在现如今的市场中，企业想要实现基业长青，就必须全面实现商业模式创新。商业模式在很大程度上决定着企业市值的走向。前瞻性的商业模式不仅可以让企业在市场中赢得先机，更可以使企业拥有更高的市值。

### ✧ 打破桎梏，创新发展

"江山代有才人出，各领风骚数百年"，每一个时代都有专属于它的英雄。松下、索尼、夏普这些曾经让其他企业难以望其项背的存在，如今却集体沦陷，动辄亏损几十亿。为什么曾经被众人顶礼膜拜的企业，如今却逐渐走下坡路？究其原因不是管理不到位，也不是没有市场，而是一味走之前的老路，或是直接复制其他企业的商业模式。殊不知，时代的变迁、市场的发展都必然会催生新的商业模式，之前陈旧的商业模式已无法适应新时代的发展步伐。如果企业一味坚持之前陈旧的商业模式，那么这个企业也终将会被市场和消费者所遗弃。

什么是商业模式？商业模式是为了实现用户价值所搭建的商业经营逻辑，以实现用户价值为目的，以实现持续盈利为方向，使企业不断发展壮大。所以，商业模式必须是紧跟时代发展的，是紧跟客户需求的一种经营逻辑。

蓬莱多麦福酒业有限公司（以下简称"多麦福"）成立于2011年4月1日，位于中国酿酒名城——蓬莱。随着人们生活品质的提高，消费理念也不断发生改变，"口感舒适、理性饮酒"成了21世纪人们新的饮酒观念，也因此，果酒成了新时代酒业的发展方向。

多麦福在黑莓基地形成果酒的研发、生产、市场营销等一体化发展模式，成功酿造黑莓干红酒、黑莓冰红酒。同时，企业始终注重品牌建设和产品质量。然而，在传统营销和资本运营等模式被深度变革的今天，多麦福在发展中遇到了各种瓶颈。

多麦福传统的商业模式一直以追求市场、追求产品、追求资产为主，在经过深度的学习与市场分析后，逐渐发现原有的传统模式不足以满足新时代企业的发展需求，要想前进，变是唯一的路径。故此，多麦福对企业基因进行重塑、再造，将传统的商业模式转变为追求市值、追求平台、追求资本、追求生态链等。

在经过了基因重构之后，多麦福重新梳理营销方向，与北京商务通信息科技有限公司、苏宁易购产品众筹、阿里巴巴批发网、苏州云宣网络科技有限公司、淮安玖陆捌商贸有限公司等签订线上平台与线下渠道的销售服务。2017年成功并股蓬莱圣宝卡特酒业有限公司。根据发展需要吸引合伙人的资金，以助力公司的发展，深挖黑莓种植产业园的黄金链，改变模式后，企业的发展空间更加远大。

现在企业之间的竞争已经不再是企业产品之间的竞争，而是商业模式的创新。从多麦福一路发展的经历可以看出，如果现行的商业模式无法适应市场的发展，一味地走之前的旧路，只会让企业陷入困境，甚至是走入绝境。正确的商业模式可以帮助企业适应市场发展，赢得更多的市值，使不可能变为可能，将不盈利变为盈利。成功的商业模式在一定阶段内可以保证企业处于"稳定状态"，进而帮助企业在其行业内拥有更多的竞争优势。

即使成功如星巴克，也曾面临过困境。1998年，美国通过超市所销售的咖啡额超过当年全美国咖啡销售总额的50%，而星巴克的销售额也因此受到冲击。在此之前，星巴克创始人霍华德·舒尔茨为了保证新鲜咖啡豆不变质走味立下了"拒绝进入超市"的规定，但是面对市场的变化，舒尔茨不得不修改这一规定。星巴克入驻超市之后，不仅增加了近百万的用户，还节省了运输费用，其零售能力也在稳步提升。

通过由商铺销售到入驻超市这一商业模式的创新，星巴克再一次夺回咖啡市场。在此之后的一个阶段内，星巴克的销售额保持着稳定的增长。

星巴克在很长的一个阶段都保持着这种商业模式，但是商业模式一旦变得稳定，企业就会沿着固有的商业模式解决问题，最终导致企业逐渐僵化，缺乏灵活性。企业一旦出现这种情况，就说明企业开始面临危机。所以，企业想要在市场中一直保持活力，就一定要保持灵活性，换言之便是向"非稳定状态"演变。

在之后的发展中，"入驻超市"这种模式已经无法满足星巴克的发展需求，于是其又将目光放回了咖啡店内的销售。星巴克将商业模式的核心定位为满足进店客户群的需求，针对客户需求推出了新的服务内容：独创以

**重构资本**
RECONSTRUCTION CAPITAL

"星巴克体验"为特点的"咖啡宗教";打造良好的环境文化吸引用户;推出无线上网服务;在节日当天,星巴克还会销售精美的礼品套装等,这些模式的变革都为星巴克注入了新鲜的血液。随着智能时代的到来,星巴克再一次在其公司的移动应用 My Starbucks 中推出了语音助手功能,让用户通过语音就可以完成产品的点单和支付。

1992 年 6 月,星巴克上市,时至今日,26 年过去了,星巴克的市值也从最初的 2.5 亿美元跃升至 900 亿美元。星巴克市值的跃升依靠的不仅是星巴克的技术,更多的是其商业模式的不断创新。星巴克不断变革的商业模式使其得到了长足发展。在新的市场环境下,企业只有通过商业变革,获得新的商业模式才能取得突破性发展,如果在新的技术环境下,企业依旧保持之前陈旧的商业模式,那么这个企业便会与市场渐行渐远。

在现阶段,企业是否可以存活下去,企业的总资产、公司历史、占地面积已经不再是评判的主要标准和重要依据了,创新和变革才是企业生存下来的不二法宝。

### ◇ 穷则思变,变则生利

如何判断企业的商业模式是正确的?如果企业现行的商业模式可以帮助企业实现价值增长,那么这种商业模式无疑是正确的。反之,企业在现行的商业模式无法获得价值增长,甚至在这种商业模式的影响下,企业每况愈下,这个时候企业就要迅速抛弃之前的商业模式,通过对商业模式的创新为企业注入鲜活的动力。

成功的商业模式在一定阶段内可以保证企业处于"稳定状态",进而帮助企业在其行业内拥有更多的竞争优势。

星巴克成功的商业模式使其得到了长足发展,成为该行业中的佼佼者。想要像星巴克一样长久不衰,就要学会星巴克的创新发展。每一个企业在成长过程中都必须具备三大要素：人才、技术、管理，这三者缺一不可。但是企业该如何对此三大要素进行创新呢？

首先是在经营管理方面。企业进行经营管理的目的是什么？是精简，敏捷，主动，富有创造性，从而帮助企业实现盈利。但是，诸多中小企业的管理现状却是迟钝，刻板，毫无创新性。那么企业该如何改善理想与现实之间的差距呢？

第一步，便是建立用户至上，让用户满意的经营理念。用户经营理念的转变——客户到用户的转变，旁观者到参与者的转变，都是一种创新。只有将客户思维进行创新与转变，才能保证企业不会流失用户，在经营管理方面更上一层楼，从而在市场中彰显出旺盛的生命力。

第二步，持续扩大规模。就像拿破仑所说的："不想当将军的士兵不是好士兵。"在市场中不想扩大规模持续发展的企业不是有前途的企业。企业需要用战略的眼光去看待企业发展，以此来提高企业的规模效率。中小企业实现规模效益最便捷的方法就是持续扩大规模。

其次是在技术改造方面。技术是每一个企业发展的核心，更是中小企业经济发展的重要推动力和驱动力。所以，中小企业想要实现企业的长足发展就一定要推动技术的改造与创新。

第一步，加大企业对技术创新与改造的投入力度，学会整合市场资源和社会资金，紧跟时代潮流，逐步提高技术能力和设备水平。

第二步，从实际出发，不盲目效仿其余企业。曾培炎在参加全国中小企业创新与发展成果展览会上指出，中小企业要坚持"小而专、小而精、小而特、小而新"的发展方向。中小企业在坚持发展方向的道路上，要不断提高企业产品的附加值，增强产品的市场竞争力。

最后便是在人才培养方面。人才是企业发展的软实力，也是企业发展的核心竞争力。随着新时代的到来，人才对于企业来说具有越来越重要的作用。在人才的帮助下，企业将会拥有更多的竞争优势。

　　现如今，企业之间的竞争已经不再是之前同行业产品之间的竞争，而是企业之间商业模式的竞争，可以这么说，在这个快速迭代的市场中，创新才是企业生存的王道，只有创新才能赢得更多的资本。

## 第二节　力求创新，紧跟时代而变

这是一个创新的时代，打破桎梏，不破不立；这是一个创新的时代，百家争鸣，革故鼎新；这是一个创新的时代，披荆斩棘，破而后立。没有哪个企业可以保持着相同的商业模式而不被时代和市场所淘汰，也没有哪个企业可以利用同一类产品而不被客户所遗弃。

目前全球经济下行压力较大，我国市场也受其波及，那么在这样的大背景下，企业该如何置之死地而后生呢？

### ◇ 企业创新，势在必行

随着智能化的发展，企业也面临着更多的风险和挑战，而商业模式创新的重要性决不亚于技术创新，商业模式对于企业而言就像是躯干与血肉的关系，水乳交融不可分割，所以企业想要在险象环生的市场中夺得一线生机，就必须顺势而为，创新商业模式。每一个企业都有自己的商业模式，商业模式贯穿于企业的发展之中，而商业模式的创新则决定着企业的发展方向，构建一个适合企业的商业模式对企业的发展有着重要的推动作用。

商业模式本身就具有动态的性质，需要在企业的发展中不断完善，不断创新。许多企业的成功都是源于商业模式的创新，创新俨然成为企业核心竞争力的主力，成为企业实现可持续发展的根本动力。

商业模式的创新所围绕的不外乎三点：

第一，注重产品和服务，这是商业模式的基础条件。商业模式本就是为了满足用户需求所搭建的商业经营逻辑，而不断创新的目的便是向消费者提供更好的产品和服务，所以在商业模式创新时，企业万不可忽略产品与服务的创新，否则将会事倍功半。以星巴克为例，它的商业模式创新从一开始的产品销售逐渐转移到服务上，不管是打造专属于它的"咖啡宗教"，还是提供无线上网服务，这些都是对于产品服务的看重，同时也是星巴克屹立百年不倒的原因。

第二，瞄准目标市场，这是商业模式的价值表现。正所谓术业有专攻，每一个企业都会有一个明确的消费市场，就像星巴克绝不会贸然进入白酒行业。所以，企业千万不要妄想通过商业模式创新来"广撒网，捞大鱼"，这样很容易赔了夫人又折兵。企业应该明确自身的目标市场，同时也向消费者说明自身的企业定位，这样才更容易获得消费者的好感。

第三，将产品和服务传递给消费者，这一过程是商业模式的价值创造环节，也是检验商业模式创新成功与否的关键。现在的消费者所看重的已经不单单是产品的质量，产品的服务也被消费者纳入是否购买该产品的要素之中，如果该产品的服务令人担忧，那么它将不会被消费者所购买。所以，通过商业模式的创新，更是要将产品服务提升至一个更高的层次上。

创新，不仅可以帮助企业在市场中赢得先机，还可以帮助上市企业提升市值。

# 第七章
## 市值倍增的制胜之道

### ✧ 只有创新，才能挽救市值

中南财经政法大学知识产权研究中心常务副主任曹新明曾经说过："创新是发展的第一动力，对于品牌同样如此，品牌本身就是市场竞争的标志之一，不能与时俱进、在不断发展的时代潮流中创新，就无法在日益激烈的市场竞争中生存发展。"英雄钢笔、亲亲虾条、白猫皂、海鸥表……这些曾经家喻户晓的品牌，已经逐渐成为一代人的记忆，慢慢淡出人们的视野。

对于诸多消费者而言，品牌就是质量的保证，消费者在购买商品时，第一便是依据产品的品牌知名度，如果该产品的品牌知名度极低，那么消费者很有可能会放弃购买该商品，换言之便是，品牌知名度越高便越容易得到消费者的认可。但是为什么诸多老品牌在市场发展的潮流中会逐渐泯然众人，甚至是黯然退场？品牌凭借的不是响亮的口号和花哨的宣传，而是凭借其背后技术的支撑，就像太阳和月亮，月亮之所以皎洁，是因为太阳在背后支撑着月亮，保证它可以发出光芒。品牌与技术亦是如此，如果产品的技术无法跟上时代发展，那么品牌也会黯然失色。

自改革开放以来，我国各行各业都得到飞速发展，近年来科技的升级和智能化更是推动了企业的发展，产品的更迭。在这一发展过程中，孔雀电视、飞跃电视、爱多电器、凤凰照相机只是昙花一现，随后便被市场所淘汰，为什么？不是因为它们缺少市场，而是因为它们的产品缺乏新意，换言之便是企业缺乏创新力，不懂得利用创新来改变企业传统的商业模式，最终导致了企业的失败。

大白兔奶糖曾风靡一时，受到国内外消费者的大力追捧，但是在后期便开始走下坡路，其发展可以说是高开低走。本以为大白兔奶糖也会如孔雀电视的老品牌一样，在不久的将来消失在人们的视线中，但是谁都没想

131

到，大白兔奶糖却杀了个回马枪，上演了一场完美逆袭。2016年，大白兔奶糖携手法国时尚品牌"阿尼亚斯贝"推出限量珍藏版蓝色、粉色两款兔形铁盒时尚装奶糖，而其身价更是飙升至265元/斤，这一身价是其传统普通包装的10倍。即使价格如高昂，也有诸多消费者为其"高颜值"的礼盒包装买单。

大白兔奶糖为什么可以逆袭成功？凭借的便是商业模式的创新。我们再来看小米。从起先的互联网手机开始，小米一路不断创新商业模式，不断改革，直到现在发展智能家居，这些都为小米450亿美元的市值做出了不可忽视的贡献。市值凭借的不仅是企业的能力，也需要凭借企业商业模式的创新。

商业模式的创新是成就大企业的王牌，也是拯救中小企业的良方。魔线集团（深圳）有限公司（以下简称"魔线"）成立于2013年，作为一家网络互动平台，所面对的竞争者是诸如微信等已经有了很多黏性客户的大平台。在这种情况下，魔线选择转变商业模式，构建O2O（从线上到线下）生态系统，一方面通过线上用户获得的大数据，为线下商家提供精准营销工具；另一方面依托线下商家为线上用户提供社交分享的奖励。魔线通过构造这一闭合的良性生态系统，在互联网领域中寻得了栖身之所，并于2016年11月23日在美国纳斯达克主板上市。

2017年，魔线再度求变，联合佘恩国际，共同开创实体+互联网+金融的全新未来。发展至今，魔线一直在尝试新的商业模式，而这恰恰是这个规模并不大的互联网公司能在市场中屹立不倒的原因。

创新是一个企业生存的活泉，只有不断创新商业模式，企业才能抓住时代的脉搏，才能不断提升企业市值。可以这么说，一个企业的创新能力越强，这个企业的综合实力便会越强，企业估值也会水涨船高，企业市值的飙升更是指日可待。

# 第七章 市值倍增的制胜之道

## 第三节 重塑业务系统，凝聚企业王牌

今天这个时代是什么时代？有人说是第三次工业革命时代，有人说是互联网时代，也有人说是大数据时代，但是不管哪个时代，商业的颠覆性特征都越发明显，企业的融资重要性也越发明显。在市场中，这种商业颠覆性的表现也不胜枚举：微信冲击短信，互联网行业冲击传统行业，即便是传统地产巨头万科也在不断发问，未来颠覆万科的可能是哪家非地产企业？

马云认为，现在正处于"天变"的阶段，但是很多企业都输在了"起跑线"上，也就是对新生事物的看法上，第一看不见，第二看不起，第三看不懂，第四来不及。颠覆的脚步已经逐渐响起，也越发急促，它不会因为某个企业而停下脚步。

那么，企业在这样的情况下所扮演的角色是"颠覆者"还是"被颠覆者"，在很大程度上取决于企业业务系统的重塑。

### ◆ 业务系统，重塑企业基因

业务系统是产品从企业到消费者手中的一个流程：产品设计好之后，

想要实现产品价值，从中获取利润，就需要通过供应商销售，经由供应商分散到销售网点，然后在销售网点销售给消费者，最终企业从中获取利润。这个流程便是业务系统。

商业模式的创新也必然会引起企业业务系统的重塑，业务系统重塑分为横向和纵向的重塑：横向重塑是为了满足消费者的新需求，纵向重塑是为了扩展原有需求。企业业务系统是企业内部运行的根本立足点，它分为六大板块。

营销规划。营销规划的作用便是为产品找到明确的定位和消费者，然后运用科学的管理工具分析和判断市场前景，对未来的市场发展进行合理的规划。营销规划这一板块的重塑主要体现在制订的产品规划是否顺应了时代的发展潮流和市场的需求，是否制订了有序提升市场占有率的方案，是否满足了消费者的需求。

销售平台。销售平台的主力军便是人才，也就是向消费者销售产品的人。通过人才对消费者的介绍，从而让消费者对该产品甚至是该企业产生信任感，从而实现企业业绩的增长。这一板块的重塑更多要求的是平台的扩展。随着科技的革新，销售平台的范围也逐渐变大，比如电商的出现，都在很大程度上增加了产品销售量，所以销售平台也需要紧随时代潮流，绝不能按部就班。

销售进程管理。销售进程的管理其实就是对销售动作的一个分解，主要解决如何卖的问题，为企业形成一个个性化业务手册，并为企业打造更多的业务精英。这一板块的重塑与销售平台的板块重塑有着异曲同工之处，都是需要随着时代的发展而有所变化，及时了解消费者的需求变化。

客户服务管理。很多企业的销售业绩都是来自于"回头客"，消费者也越来越看重产品服务这一附加服务，企业也开始建立标准化客户服务体系，以吸引更多的客户，提高客户忠诚度。这一板块的重塑主要体现在全方位打造企业服务理念以及服务标准,通过服务管理吸引更多的客户,从而实现二次销售,为企业增加利润。

客户关系管理。客户关系管理与客户服务管理都是对客户的一种维护,但是两者也存在区别,客户关系管理主要是建立客户分级管理标准,最终为客户实现终身价值最大化。这一板块的重塑是为了整合优质的客户资源,避免后期因服务不到位而流失客户这一现象的发生。

风险防范。风险防范顾名思义便是保证产品安全卖出,保证销售过程更加安全,保证产品价值不受到破坏。这一板块的重塑程度远远不如前五个板块,但也决不能忽视,未雨绸缪总好过亡羊补牢。这一板块的重塑主要体现在及时掌控风险动态,并及时进行风险规避。

企业业务的重塑不仅是指生产链上的某一环节,而是整条生产链的优化和重塑,这样企业才能以更强的姿态在市场中存活。北京兄鹏马术俱乐部(以下简称"兄鹏")正是以业务重塑的胜者姿态,傲然立于马术市场之中。

兄鹏创立于1997年,是全国唯一一家集马术影视、表演、培训、衍生品四大板块业务于一体的综合性马业集团。2006年,兄鹏加入北京马术运动协会。

兄鹏成立的初衷是为剧组提供专业演艺马匹、输送专业马术替身演员,以完成影视作品中的高难度马术动作,同时为演员提供基础马术培训。随后,国内马术培训业兴起,兄鹏在马术影业的基础上,结合专业教练和优质马匹带来的口碑,逐渐增加了青少年和成人基础马术培训业务。

成立之后,兄鹏几乎包揽了全国所有知名影视作品的马匹服务和马术指导,马术影业与马术培训业务发展得如火如荼。然而,马术在国内仍属于小众行业,市场认知度非常低。兄鹏的市场也仅限于影视与培训,发展空间极小。为了改变这一现状,自2016年起,兄鹏就在为长远发展探索新思路。2017年，兄鹏重塑业务系统，制定了全新的"马术+"跨业联盟战略，在业内率先提出马匹共享计划，变买马消费为买马投资，让客户得到实惠，让俱乐部轻装上阵，一举解决"重资产、高空置、低客流、高成本"等多个行业痛点。

2017年以来，在全新的业务系统发展下，兄鹏在全国陆续拓展多个项目基地，越来越多的"圈外人"通过兄鹏对马术产业有了新认知——"原来这不是想象中那么高门槛、高风险的行业，反而非常亲民，几万块钱买一匹马，既可以在专业教练指导下安全骑乘，又可以共享出租赚钱"。兄鹏的"马术+"跨业联盟战略不仅为其拓展了新业务，更是为其开辟了全新的市场空间。

### ◇ 重塑，凝聚商业模式

业务系统的重塑是为了更好地凝聚商业模式的优势，提高企业市场竞争力，保证企业的融资优势。其实，不管是营销规划还是销售平台抑或是客户服务管理的重塑，都是企业业务的重塑。

戴尔作为一家世界500强企业，在2017年《财富》美国500强排行榜中，排名第41位，其主要服务范围为生产、设计、销售家用以及办公室电脑。戴尔多年来的不败神话都是因为其业务系统的不断创新和重塑。

戴尔传统的商业模式是先制后卖，以产品为导向，其营销依据便是以产品为中心，即企业生产什么便通过中间商向消费者销售什么，其营销的终端便是无细分市场；而戴尔现行的商业模式是先卖后制，以需求为导向，其营销依据以消费者为中心，即消费者需要什么便向消费者直销什么，其营销的始端为超细分市场，根据消费者需求进行大规模定制，最终直销给消费者。戴尔的渠道是"VAR"（增值服务渠道），主要为戴尔做服务和增值工作，弥补其在市场服务上的缺陷。

戴尔传统的盈利点是制造这一流程，忽略了流通和顾客这两大流程。戴尔先制后卖，通过卓越的生产管理制造大量库存，然后通过供应商销售给消费者，这一流程限制着戴尔的发展，而大量库存的积压，使得戴尔的资金链无法良性运转。

而在业务系统的重塑之后，戴尔的盈利点也不再仅仅局限于制造这一流程，而是将供应、流通和销售都作为企业的盈利点。戴尔所重塑的先卖后制业务系统，使企业资金链得到一个良性的运转。通过对供应商先供后付和客户先卖后制的模式，戴尔只存有少量库存，并通过制造流程外包，拥有一个高质量的供应链管理，通过直销，掌握流程链中的终端资料——消费者。

在弱肉强食的市场中生存下来的企业依靠的绝不仅仅是运气，而是实力。那么企业实力又来自于哪里？来自于商业模式，来自于企业产品，来自于市场资本，三者缺一不可。商业模式是企业发展的基石，企业产品是企业发展的依靠，而市场资本则是企业生存的根基。没有资本的企业就如无根之萍，无法在市场中立足。

千万不要以为星巴克和戴尔的成功只是侥幸，也千万不要以为星巴克和戴尔没有渠道，它们成功的商业模式在一定程度上都来自于模式创新，渠道创新是业务系统重塑的一种表现，也是企业是否可以赢回市场的关键。企业只有学会变，才能在市场中站住脚跟，谋求长期发展。

如果企业不懂得业务重塑，只是一味地重复之前的商业模式，不仅无法赢得资本，还有可能在市场中一败涂地。

# 第八章
# 打造企业的核心竞争力

> 古今中外，无数企业认为只要有资金和市场就可以存活下来，而且是以绝对优势存活下来。但实际上呢，众多拥有雄厚资金的企业，在激烈的市场竞争中逐渐被蚕食，被拖垮。相比之下，有很多企业在创业伊始，没资本，没市场，却依然混得风生水起。究其根本，这些成功的企业无一不懂得整合关键资源，以外部资源促进内部发展，以自身的实力赢得市场资本，也为企业赢得更多的生机。

# 第八章
## 打造企业的核心竞争力

## 第一节　步步为营，整合关键资源

每一个企业都希望可以达到 1＋1＞2 的效果，但是真正可以做到这一效果的企业却是少之又少，很多企业做到的是 1＋1=2，甚至是 1＋1＜2。企业如何扭转这一局面，如何实现 1＋1＞2 的效果，靠的不单是想法，更要懂得如何运用整合资源。

整合资源是什么呢？它是企业一种系统论的思维方式，也是企业战略调整的方法，是帮助企业实现可持续发展的战略决策。随着市场的变化和对手的改进，企业内部也需进行整合与优化，完善企业的商业模式，从而实现 1＋1＞2 的效果，这样才能吸引更多的市场资本。

### ◇ 企业资源整合策略

任何一个企业资源都是有限的，企业想要实现长线发展，除了要将目光放长远之外，最重要的一点便是学会整合资源。为什么有些企业没有员工、没有设备却依然可以生产出产品，为什么有的企业没有资金，却依然可以赚得盆丰钵满，追根溯源，便是整合资源的运用。换言之，整合资源便是将企业分散独立的资源整合到一起，使其成为高效的整体，从而帮助企业实现1+1＞2的效果。

但是，整合资源绝不是单纯的1+1或是1+N，而是通过企业内部和外部资源的整合，寻找共同利益点。当企业所整合的资源可以保证双方或是多方的利益点均达到平衡时，资源整合才可以称得上是发挥出了最大的价值。整合资源不单单是为了企业的利益效果，更是为了在整合资源的基础上构建一个新的商业模式。在"互联网+"时代，平台战略便是从整合资源衍生而出的。

资源整合可以分为三种：第一种是纵向资源整合，是指处于同一价值链的厂商联合所组成的利益共同体，为该条生产链上的每一家企业创造出更大的价值。第二种是横向资源整合，纵向整合是将发展目光集中于整条价值链，而横向资源整合则是将发展目光集中于价值链中特定的一个环节。第三种是平台式资源整合，纵向资源整合与横向资源整合都是将企业作为整合资源的一部分，通过整合使得资源发挥出最大优势，而平台式资源整合是将企业作为一个资源平台，整合多方资源。其中运用平台式资源整合最为成功的便是阿里巴巴。阿里巴巴整合了供应商和需求方的信息，构建了信息平台，通过收费为企业盈利。

那么企业应该如何做到整合关键资源呢？

首先是做到整合知识资源。企业的知识资源包括具有文化内涵的经营理念，这一理念也贯穿在设计、工艺、制造、营销、服务等方面。随着市场的变化，知识更新的速度也在明显加快，知识对企业的生存和发展起着举足轻重的作用，如果企业忽略了知识整合，那么竞争力就会被逐渐削弱。所以，企业想要提高综合实力，就要学会整合知识资源，增强企业软实力，提高对市场的敏感度，及时做出反应。

其次是整合市场资源，这一环节可以说是整合资源的关键。企业的核心竞争力取决于什么？不是自身掌握了多少资源和技术，而是对市场资源的掌控。没有哪一个企业可以集市场技术于一身，也没有哪个企业可以掌握一切资源。所以，企业要学会整合市场资源，取之于市场，用之于市场。通过整合市场资源，强化企业的核心竞争力。

最后便是要整合营销资源。如果说整合市场资源是企业发展的左膀右臂，那么整合营销资源便是其股肱腹心，两者缺一不可。市场营销是企业销售产品给消费者的第一环节，而最终环节则是满足消费者需求。市场销售所营销的不仅是企业产品，更是企业理念，通过产品这一物质存在，向消费者传达企业理念，从而让消费者认同企业。

### ◇ 只有企业缺少的资源，没有市场缺少的资源

每一个企业在发展过程中都会遇到各种难题，但是如何去解决这些难题才是关键。每一把锁都有一个专属于它的钥匙。企业的发展难题也是如此，每一个难题都会有一把钥匙。但是在企业发展中，有一把钥匙或许可以打开很多个锁，这个钥匙就是——整合资源理念。

企业所需要的资源有哪些？资源、技术、团队、渠道、客户、专业、人脉，等等，当确定了这些企业资源之后，不仅要让自身的资源升值，更是需要不断思忖还需要什么样的资源，而这些资源又该如何获得。

内蒙古蒙牛乳业（集团）股份有限公司（以下简称"蒙牛"）是中国乳制品供应商的翘楚，特仑苏、纯甄、优益C、未来星、冠益乳等明星产品布满在市场的每一个角落中。2017年7月，全球专注于农业与食品相关产业的最大商业机构之一荷兰合作银行发布了2017年"全球乳业20强"榜单，蒙牛跃居榜单前10强，一跃成为全球乳业第一阵营的品牌。

蒙牛的成功不仅是因为其独特的营销方案，更是因为它懂得整合资源的优势。现如今的蒙牛家喻户晓。但是鲜有人知"一无工厂，二无奶

## 重构资本
RECONSTRUCTION CAPITAL

源,三无市场"是蒙牛创建初期的情形,消费者知道的只是"一有全球样板工厂,二有国际示范牧场,三有液态奶销量全国第一"的蒙牛现状,是什么让蒙牛可以在20年内从"三无"到"三有"?凭借的就是蒙牛的整合资源思维。

蒙牛的创始人曾说过:"创造资源很慢,整合资源很快;创造资源很难,整合资源很易。"正是凭借着整合资源,创业之初,在没有运输车的情况下,蒙牛整合个体户投资买运输车;在没有宿舍的困境中,蒙牛整合政府出地;蒙牛还整合了工厂、农村信用社资金等多方资源。就这样,蒙牛在没房没车没资金的情况下,让整个北方地区将近300万农民都在为蒙牛养牛。

在企业发展到达瓶颈期时,蒙牛更是果断地选择了国际性融资,接受了国际投资巨头的资本,凭借着这一资金整合,蒙牛一举拿下了更大的市场份额,其市场地位更是无可撼动。

在一头牛都没有的前提下,蒙牛在1000万元的启动资金中,拿出了三分之一,在呼和浩特进行大规模、大范围宣传,一夜之间,蒙牛成为知名产品。在宣传得到好的反馈之后,蒙牛才开始联手国内乳品厂,生产蒙牛产品。

蒙牛"先建市场,再建工厂"的整合思维使其得以高速发展,更是"空手套白狼",赢得了市场的资金支撑。市场上有很多懂得整合资源思维的企业,但是没有哪一家企业可以和蒙牛一样,将整合资源运用得如此淋漓尽致。

任何一个企业所拥有和支配的资源都是有限的,想要实现无限的发展,就一定要懂得占用和支配其他企业资源,同时也可以让其他企业得到其所需的资源,达成双赢的局面。如果企业无法做到整合双赢,那么这个企业也许在不久的将来就会走到穷途末路。

# 第八章
## 打造企业的核心竞争力

经历了全球金融危机，现如今的时代已经不再是以前的创业时代了，而是转变为整合时代，这一整合时代的到来也促进了企业的快速发展，为企业资金提供了多方面来源。

**重构资本**
RECONSTRUCTION CAPITAL

## 第二节 顺势而为，及时更新盈利点

移动互联网时代是一个快速更迭的时代，企业要做的不仅是品牌信息传播速度要快，其品牌的更新升级速度更要快。今天的时代是速度为先的时代，现在的市场是速度为先的市场，企业如果没有这种速度为先的观念，那么它将会在市场中失去先机，想要再赢得所失去的先机，将会付出成倍的代价。所以，企业不要想着亡羊补牢，而是要学会未雨绸缪。

提起品牌自身的更新升级，就不得不提到小米，作为手机行业的后起之秀，小米以惊人的速度迅速发展，从智能手机、手机操作系统到应用商店，再到小米盒子、平板电脑，小米在第一时间感受到市场的变化，以最快的速度构建了专属于自身的生态系统。

### ✧ 以快取胜，更新盈利点

"互联网+"热潮的出现推动了社会的快速发展，同时也使得市场发展越发复杂，在此情况下，企业如果没有快一步思维，就会面临优胜劣汰的命运。快一步思维不是凭空想象，更不是主观臆断，而是在结合现实的基础上，对未来市场发展进行的大胆想象和判断。

苹果公司为什么可以在一夜之间声名鹊起？是因为史蒂夫·乔布斯的快一步思维，让苹果公司在第一时间更新盈利点，占领市场。

华硕电脑股份有限公司董事长施崇棠表示："乔布斯的超前思维在科技业界数一数二。苹果的产品设计向来是站在使用者的立场出发，而并非'工程师设计给工程师用的'。乔布斯在短期之内归队与否对苹果影响并不会很大，但长期而言，如果乔布斯不再继续参与苹果未来产品的建构过程，恐怕会对其产品未来的竞争力产生一定程度的负面影响。因为没有了乔布斯的创新思维，苹果可能很难把握消费者所需求的关键点，以此为设计本源使其产品屡屡获得成功。"施崇棠的预言得到了验证，失去了乔布斯的苹果公司，现如今正在走下坡路。苹果公司目前所销售的46种不同的硬件产品，如智能手机、平板电脑、智能手表、电脑等，合法投诉数量也在激增。为什么乔布斯关系着苹果公司的生死，因为乔布斯了解消费者的痛点，知道市场与行业未来的发展趋势，更有着快一步思维，懂得在第一时间更新企业盈利点。

快一步思维是企业所有创新的来源。在企业的发展过程中，创新是不可或缺的，而创新则是衍生于快一步思维，没有快一步思维，创新就相当于纸上谈兵，那么及时更新盈利点就更是天方夜谭了。快一步思维只是前兆，是为了让企业在变化莫测的市场中更新企业盈利点，在市场中得以平稳发展，赢得更多资本。

## ✧ 拥有快一步思维才能及时更新盈利点

及时更新盈利点是企业发展的一大助力，盈利点的更新可以使企业站在市场的前端，以先进独特的眼光为企业赢得更多的融资。那么企业如何做到及时更新盈利点呢？就是具备快一步思维。

企业的快一步思维在很大程度上可以帮助企业在市场上赢得先机,世界上有诸多企业都是因为快一步思维而成为世界顶级的企业。美国波音公司可以说是全球航空航天业的领袖,也是世界上最大的民用和军用飞机制造商之一。波音公司客户分布在全球90余个国家。单从销售额这一方面而言,波音公司是美国最大的出口商之一。2016年12月,SIPRI(瑞典斯德哥尔摩国际和平研究所)发布了2015年度全球军工百强企业排行榜,波音公司在排行榜中依旧保持着世界第二武器生产商的地位;2017年6月,《财富》杂志发布了美国500强排行榜,波音公司以其营业收入945.71亿美元排名第24位。

在美国举足轻重的波音公司,它的创始人并不是专业领域的商人,而是一位木材批发商———威廉·爱德华·波音。1914年,当波音首次乘坐朋友的飞机飞行时,就被飞机深深地吸引住了,同时波音也预见了飞机未来广阔的市场。不久之后,波音便放弃了自己发展势头大好的木材批发事业,建立了一家名为波音公司的企业。

果然,现实如波音所料,第一次世界大战的开始,使得飞机的销量与日俱增,波音公司也因此获得了大量的销售额。但是1918年第一次世界大战结束,世界回归和平,飞机行业失去了部分市场。在短短的两年时间内,波音公司亏损了30万美元。为了力挽狂澜,使公司重新夺得市场,波音公司放弃了还未成型的空中客运市场,而是瞄准市场,快人一步,集中公司力量大力发展航空邮件的运输。波音公司的这一举动使得其起死回生,东山再起。15年间,波音摇身一变成为世界航空业的宠儿。

波音公司的成功不是因为机遇巧合,而是因为它的快一步思维,不管是预见未来的飞机发展市场,还是航空邮件运输的发展趋势,都使得波音公司转危为安。具有快一步思维的企业,便能知晓市场未来的发展方向,处于主动地位,赢得市场资本的青睐。虽然有时企业的快一步思维并不一定都是对的,但是快一步思维可以帮助企业制订未来的发展规划,而不是面对未来茫然无措。

### ◇ 速度当先,赢得市场

美国《时代》周刊在 20 世纪末曾发布过一篇文章对未来做了预测:2007 年,新型汽车安装了防撞雷达和利用卫星技术的自动全球定位系统;2010 年,受程序控制的机器人宠物能够辨认主人的声音和面孔;2015 年,所有疾病的基因根源都已查明;2017 年,人类在火星上着陆;2020 年,新式飞机能装载 1000 名乘客,以 900 千米/小时的时速持续飞行 10 个小时;2025 年,与大脑相联的计算机能够识别思维,不必再用手工输入数据和指令……

这些曾经的天方夜谭,却正在实现。试想一下,如果企业可以快人一步,将企业产品向未来靠拢,是不是就可以独占市场,赢得市场资本青睐?市场资本看重的是企业现在的发展趋势,更是未来的发展方向。市场波谲云诡,以不变应万变只会迎来市场无情的淘汰,只有以快人一步的思维应对变数,企业才能立于不败之地。

**重构资本**
RECONSTRUCTION CAPITAL

## 第三节 稳操胜券,重构商业资本

在如今竞争如此激烈的市场背景下,企业的日子过得可谓是战战兢兢,如履薄冰,一步踏错,可能会导致满盘皆输。所以,企业想要在市场中拥有持久的活力,就需要停下来反思前进的方向是不是出现了偏差,如果发现自身的商业模式是过时的或是错误的,就必须及时调整。

### ◇ 商业逻辑,变与不变

企业想要更好地发展,除了充足的资金和庞大的团队,另外还需要企业的自我质疑。很多企业都不愿意承认自己的商业模式是错误的,一直坚持自己的商业模式。但很多时候,坚持并不一定意味着成功。老生常谈的坚持,指的是对企业奋斗精神的坚持,是对企业家精神的坚持,但是这绝不包含对企业商业模式的坚持。市场瞬息万变,无论是大企业还是小企业,如果企业的商业模式一成不变,那么其终将会被市场所淘汰。

酷罗米(深圳)科技有限公司,是一家深耕于智能穿戴产品的方案设计与研发的公司。团队组建初期与单个传统型企业合作,积累技术与资源,成长缓慢。现在转而与多家公司进行资源互补共同协作，探寻将公司做大的方法。阿里巴巴在一开始的时候做的是黄页，经过多次调整，上市之后，阿里巴巴也从B2B商业模式转向C2C模式的淘宝，最终成就了今天千亿美元的商业巨头。试想一下，如果阿里巴巴没有对自身的商业模式进行自我质疑，没有对商业模式的创新和改革，那么企业也将岌岌可危。

"互联网+"时代的无数案例告诉企业，企业的商业逻辑需要质疑，从而找出一个更大的市场，更快速发展的机会。在中国，商业模式并不涉及保密，因为中国企业的商业模式的落脚点不是在模式上，而是在执行上。如果执行不到位，商业模式就如同纸上谈兵。企业在"互联网+"时代的探索中，需要不断质疑，才能实现自我突破，促进企业的不断发展。

聚美优品拥有良好的市场前景，陈欧曾说过："质疑，我太在行了，我每天都质疑我的对手不正当竞争。当服务器打不开，那肯定是对手攻击，当对手融资成功了，那肯定是财务造假。……质疑，不是质疑别人，而是学会对自己的质疑。"陈欧在接受采访时，曾讲解了聚美优品的商业逻辑：第一，学会质疑商业模式；第二，学会质疑扩张；第三，学会质疑用人；第四，学会质疑广告。聚美优品正是凭借着"质疑"这一商业逻辑，在电子商务中打下了一片属于自己的江山。

但是企业的质疑不代表要质疑全部，在"互联网+"时代，要懂得在不草率、不盲从的基础上，正确地在自己固有的商业模式中，找出隐藏的漏洞，及时调整。

### ◇ 重组逻辑，赢得资本

当学会质疑之后，企业便要学会重组商业逻辑，只有这样才能不断创新商业模式，不断更新企业盈利点，不断通过质疑与创新提升企业的市值。如果一个企业无法重组商业逻辑，不仅会对其商业模式有所影响，更会对企业市值产生不可估算的损失。

在手机电脑遍地的今天，各种杀毒软件与安全软件也是如雨后春笋般涌现。但是在近年来，杀毒软件的出现率远远低于安全软件的出现率，很多用户都在问，是不是杀毒软件这个行业已经彻底消失了？在某些程度上说，是的。安全软件已经替代了杀毒软件。

前者与后者究竟有什么区别，竟会在市场中活成两种结局？两者其实在产品性能上基本是一致的，但是两者的商业逻辑是完全不同的。杀毒软件的商业逻辑就是通过收费的方式向用户提供杀毒服务，而安全软件则是将杀毒软件作为一种吸引用户的渠道，并免费向用户提供杀毒服务。正是不同的商业逻辑导致了两种截然不同的命运。

一直低调出现在人们视线中的深圳顺丰泰森控股（集团）有限公司（以下简称"顺丰"）于2017年2月24日在A股市场借壳上市。上市当天，顺丰市值高达2100亿元，近似于"三通一达"（即圆通、申通、中通、韵达）四家企业的市值总和，王卫也一跃成为快递行业的首富。放眼民营快递企业中，顺丰的邮费一直都是最贵的，却也是最受欢迎的。这个看似违和的现状，在一定程度上折射出中国消费者观念的改变，而消费者观念的改变，也促使了企业的商业模式改变。

一方面，顺丰的快递人员统一工装，其专业程度让消费者的信任度大大增强；另一方面，顺丰并没有采取大多数快递企业的加盟模式，而是与众不同，采取了直营模式，使其具有更多的控制力。

同是一个行业，为什么顺丰要比别人更成功，是因为顺丰懂得自我质疑，懂得在质疑中谋求新发展。顺丰在发展中所迈出的每一步，都是经过不断考虑和改良的。

以前的快递行业，除了国有的邮政公司在过年期间依旧营业，其他快递企业的快递人员都需要回家过年，所以企业也都会放假停业，虽然这在

# 第八章
## 打造企业的核心竞争力

行业中是一种常态，但是顺丰却对这种行为产生了质疑，觉得这种模式对口碑会产生一定影响。思忖过后，顺丰决定效仿国有邮政公司，在春节期间也坚持营业。

顺丰发展得顺丰顺水，一方面是因为其商业模式的不断创新，另一方面是因为其商业逻辑的重塑，不管是对自己假期营业时间的调整，还是后期的上市行为都让顺丰成为快递行业的翘楚。

"现代管理学之父"彼得·德鲁克在其成名作《管理的实践》中就已经指出，最重要、最艰难的工作，从来不是找到答案，而是问出正确的问题。

企业的发展更是如此，在"互联网+"的新时代下，企业的发展痛点从来都不是找出正确的答案，而是需要问出正确的问题，只有这样才能在市场中占得一席之地，在市场中赢得更多的资本。

如果一个企业没有学会自我质疑，那么它也学不会重组商业逻辑，更学不会如何提升企业市值。质疑是开端，只有开端正确，才能保证最后的结果正确。

# 第九章
# 正向激励，企业家精神

宗庆后曾表示："我们已过了为生存而奋斗的阶段，是先富起来的一批受益者。在服务社会、履行企业家责任中，让我们的财富受到社会的尊敬。"

换句话说，企业通过重构资本在风云变幻的市场竞争中重新站立起来，并获得新的发展活力之后，必须通过反哺社会，积极主动承担社会责任，才能发挥资本的最大力量。

在这个过程中，企业家要学习和培养企业家精神，树立诚信意识，以信聚合大小资产，以爱提升资本力量，奉行利他王道。通过反哺社会，实现企业的永续持久发展。

# 第九章 正向激励，企业家精神

## 第一节　不平衡时代下的企业家精神

当下互联网经济的到来，使商业领域发生着重大而深刻的变革。在这一新的经济发展背景下，弘扬企业家精神，不仅能够激励企业家奋发向前，使企业得到社会大众的肯定，得到更多的发展资金，而且有利于消除社会浮躁功利之风，促进社会经济的健康平稳发展。

### ◇ 千呼万唤始出来

追溯中国企业家发展史，我们可以发现，由于特殊的历史和国情，商人在我国的地位一直不高。大体来讲，直到1978年改革开放之后，商人的地位才渐渐有所提高，企业家这个年轻的群体也日益发展壮大。

目前，中国正处在全面建成小康社会决胜阶段，中国特色社会主义社会的建设进入新时代的关键时期。我国社会的主要矛盾也随之发生了改变——从"人民日益增长的物质文化需要同落后的社会生产之间的矛盾"转化为"人民日益增长的美好生活需要和不平衡不充分的发展之间的矛盾"。

企业家对国家经济的发展起着重要的作用，因此，在经济发展"不平衡""不充分"的时代,国家尤其需要促进企业发展,弘扬企业家精神。正如习近平总书记所说:"全面深化改革就是要激发市场蕴藏的活力,市场活力来自于人,特别是来自于企业家,来自于企业家精神。"

企业家精神能否得到有效激发与保护,决定了企业家这个群体在经济大变革中是昂首向前还是畏缩不进;是除旧换新还是固步自封。企业家精神在当下经济社会发展中起着举足轻重的作用。

那么,什么是企业家?什么是企业家精神?

"企业家"一词,从法语中借来,是一个外来词语,最初用来表示冒险事业的经营者或组织者。在现代社会中,企业家多指企业所有者,他们主要从事企业的经营管理工作。作为市场经济活动中最活跃的因子,企业家通过各种创新活动,使社会资源得到优化配置和合理使用;通过竞争与合作,为社会创造财富。

对于企业家精神的定义,不同的专家和学者总会给出不一样的答案。简单来说,企业家面对和解决在经济活动中遇到的所有问题的能力的集合,就是企业家精神。精神不是一成不变的,它会随着时代的发展而变化。企业家精神也是如此。

千呼万唤始出来。2017年9月25日,中央首次发文件明确了企业家精神的地位和价值,并以36个字正式明确了新时期企业家精神的内容:爱岗敬业、遵纪守法、艰苦奋斗;创新发展、专注品质、追求卓越;履行责任、敢于担当、服务社会。

同年10月18日,习近平总书记在党的十九大报告中提出:"激发和保护企业家精神,鼓励更多社会主体投身创新创业。建设知识型、技能型、创新型劳动者大军,弘扬劳模精神和工匠精神,营造劳动光荣的社会风尚和精益求精的敬业风气。"这充分体现了党中央对企业家及企业家精神的高度重视和认可,极大地鼓舞了企业家投身经济建设的热情。

## 第九章
### 正向激励，企业家精神

### ◇ 聚焦企业家精神

企业家精神内容丰富，并且有着明显的时代特质。但随着时代改变的是其表现形式，其内涵不变。在中国企业家杂志社社长何振红看来，使命＋创新构成完整的当代企业家精神。

创新，是企业家精神的灵魂。无论是在哪个时代，在什么地方，企业家都必须具备创新精神和创新能力。弘扬企业家的创新精神，增强创新意识，加大创新力度，争做世界一流企业。对于企业家来说，宁可特立独行，也不能盲目跟从效仿，尤其是在互联网时代，唯新不破，唯快不破。

一个具有创新精神的企业家，方可经营一家具有创新能力的企业，才能不断提高产品的科技含量和质量，做大、做强中国品牌。以品牌立企，打造品牌企业，亦是当今企业立足于市场的重要方法和途径。

何为企业家的使命？是单纯的赢利吗？显然不是。企业家通过为社会提供产品或服务，促进经济的发展，使人民受益，才是企业家的使命。企业家因其强烈的使命感而得到社会的尊敬。一味追求经济利益的企业，则可能导致见利忘义和各种作恶现象的出现。世界上优秀的企业和企业家无疑使人类的生活变得更加美好：GE使世界亮了，迪士尼为人们带来了快乐，阿里巴巴使天下没有了难做的生意，格力使世界对中国造倍加喜爱……

企业家精神无疑是企业发展的助推器，一个优秀企业家的身上必定闪耀着企业家精神的光芒，并在企业家精神的指引下，带领企业走向成功，造福于社会。

2017年10月25日，一位著名的企业家逝世，享年72岁。他被称为民营企业家中的"常青树""不倒翁"，是马云十分敬重的人。他是我国第一代企业家，他向人们展示了乡镇企业的过去，也使人们看到了乡镇企业的未来。他就是鲁冠球。

鲁冠球，浙商代表人物，万向集团创始人。2013年，其以235亿财产登上中国富豪榜，排名第14位。2017年，鲁冠球家族以491亿元财富在胡润百富榜位列第37位。吴晓波称，问及鲁冠球打算什么时候退休时，鲁冠球的回答是："战士的终点，就是坟墓。"

1969年，鲁冠球开始艰苦创业。随着汽车市场的逐渐起步，鲁冠球开始调整业务，聚焦生产汽车，萧山万向节厂随之诞生。这也证明了这位从乡镇里走出来的企业家的超前的战略眼光。1980年，萧山万向节厂遇到了第一个爆发点，收获订单达210万元。1988年，万向的市场化征程正式开始。自此之后，万向不断进军金融、农业等多个领域，均取得了优异的业绩。

这位白手起家的企业家，虽中学即辍学，却有着刻苦谦卑的学习态度；他敢想敢干，具备创新意识，紧紧抓住每一个发展的机会；他低调不张扬，敏锐、睿智；他懂得互惠共赢的道理，善于与人合作；他为国家的经济发展做出了不可磨灭的贡献。他书写了民营企业家的传奇，向世人展示了优秀的企业家精神。

优秀的企业家精神需要社会的培育和传承。国家要大力弘扬企业家精神，引导企业家树立崇高的理想信念。强化其遵纪守法的意识，艰苦奋斗，锲而不舍；要大力培育新一代青年企业家，加强企业家精神教育，使开拓创新的精神得以传承。

常言道："小富靠勤奋，中富靠机遇，大富靠智慧。"资本运作虽是企业发展的重要助力，但身处商业变革的时代洪流中，企业家尤其要明白企业家精神对资本运作的重要推动作用。面向新时代，企业家要敢为天下先，不断增强自己的创新意识和创新能力，并以强烈的使命感为国家的繁荣富强，贡献自己的力量。

# 第九章
## 正向激励，企业家精神

风起于青蘋之末。我们有理由相信，在未来的经济发展中，企业家精神将会发挥不可替代的作用。只有具备企业家精神，企业才能在商业变革中实现重构资本，以全新的姿态出现在市场之中，与时代共同发展。

## 第二节　资本无界，以信聚合大小资产

"欲识金银气，多从黄白游。一生痴绝处，无梦到徽州。"这是明朝戏剧家汤显祖的一首诗。提到徽州，人们不可避免地总会想到徽商。徽商是我国古代四大商帮之一，在我国古代商业经营模式中创造了一个不可复制的传奇。之所以可以取得巨大成功，其崇文重德的品质无疑起到了不可忽视的作用。

从徽商的经营之道中，我们可以发现德之重要性。而德之首要为诚信。放之于当代企业家，即诚信是企业家精神的基石。唯有诚信，方可聚合大小资产，方可使企业更好地立足于社会，奉献社会，促进社会经济的健康平稳发展。

### ✧ 以诚为基，以信为本

无论是从古至今，还是从国内到国外，诚信问题由来已久，并与社会的发展状况紧密相连。回顾历史，反观当下，只有当诚信成为人们言行的基本准则之时，社会才会呈现出一派和谐之象。

# 第九章
## 正向激励，企业家精神

如何增强企业家的诚信意识？谈论这个问题之前，我们需要明白另外一个问题，即多数情况下人们在谈论诚信问题的时候，都是以"好人"或"坏人"进行较为极端的定论。然而如此探寻诚信在商业活动中的意义，是有所欠缺的。在吴晓波看来，诚信与交易和成本有关。交易发生之后，信用评价产生；信用评价或高或低，是交易双方对于当前交易和以后交易所需成本的理性衡量。因此，为增强企业家的诚信意识，使讲诚信蔚然成风，必须加强制度建设，完善社会信用体系。这对于整治商业活动中的弄虚作假行为尤为重要。

人无信不立。企业家不讲诚信，更加无法立足于商场之中。

诚信，即诚实守信。诚实，即不自欺，不欺人；不夸大，实事求是。守信，即信守承诺。对于企业来说，讲诚信意味着其必须坦诚面对顾客，不以欺瞒的方式隐瞒产品或服务的质量等问题；力求百分之百实现自己的诺言，为顾客提供更好的产品，日臻完美。讲诚信更意味着企业要脚踏实地，稳扎稳打，不投机取巧，不走歪门邪道。以诚为基，以信为本，方可为企业赢得良好的发展机遇。只有讲诚信，才能为企业赢得良好的声誉。

企业声誉，是社会公众对企业行为的一种评价和认可。它是企业的无形资产，是企业拥有的一种独特资源。良好的企业声誉，是企业有力的竞争武器，可以为企业带来意想不到的社会资源和发展机遇，对企业的生存和发展有着至关重要的意义。它不但能使企业赢得消费者的青睐，提高产品的市场占有率，更能吸引优秀的合作伙伴，为企业插上快速发展的翅膀，帮助提高企业的市场竞争力。

广州市东方文旅产业开发有限公司（以下简称"东方文旅"）成立于1999年，是一家集主题公园策划、设计、建造于一体的服务公司，也是国内著名的集创意设计与建设施工于一身的文化旅游产业服务提供商。

东方文旅自成立以来，一直秉承"质量第一、安全第一"的创业宗旨，务求把项目作为一件件艺术精品来完成，力求做到最好，达到"三满意"：自己满意，领导满意，客户满意。企业30年如一日以"正直、诚信、专业、创新，为客户提供最有价值的艺术精品"为核心的价值观，使其从只有8个人的游击队成长为拥有100多位专业人员的正规军，从年营业额只有百万元的小工程企业到年营业额过亿元的设计施工一体化服务商。

正是东方文旅坚守企业信誉，不断创新，提升用户体验，使得企业赢得了无数的荣誉，更为企业收获了众多的客户。东方文旅与国内一流的文旅集团及房地产开发商建立了良好的合作关系，如华侨城集团、长隆集团、恒大集团、富力集团、复星集团等。

坚持"正直、诚信、善良、感恩"的企业文化是东方文旅做大做强企业的法宝，这一价值观促使其在文旅行业的道路上，百尺竿头，更进一步，为取得更大的辉煌，为社会做出更多的贡献而努力。

良好的声誉不容易建立，却可以轻易被摧毁。一旦声誉被毁，无论是多么庞大的企业，都会在很短的时间内消亡。因此，企业必须重视和保护其声誉，以诚信立企，以为顾客创造价值为上。

### ◇ 诚信立企，顾客为上

管理学大师彼得·德鲁克曾言："顾客是企业的基石，是企业存活的命脉，社会将能创造财富的资源托付给企业，也是为了让企业满足顾客需求，企业的目的是创造顾客。企业生存的原理是为顾客创造价值。"同样的，日本经营之神松下幸之助也曾提到："在满足客户需求，让客户满意，为客户提供最好服务的同时，企业得到自己的利益。"

内蒙古赤峰市克什克腾旗星河宾馆建于1999年，近20年的时间里，宾馆以顾客的需求为改进方向，一步步发展壮大。用诚信打动顾客，用服务吸引顾客，从住宿到餐饮，各个部门一直都力争满足顾客的不同需求。

# 第九章
## 正向激励，企业家精神

时至今日，星河宾馆已经成为克什克腾旗有口皆碑的企业。将诚信意识内化于心，方可于不自觉中为顾客创造更大的价值，这也是当代企业发展取得成功所必须具备的思想认识。

伊利集团，其企业愿景是成为全球最值得信赖的健康食品提供者。为了这个梦想，伊利集团一直在不断地努力。如今，伊利已然成长为全球乳业的领军企业，其一言一行都起到了行业标杆的作用。在荷兰合作银行发布的 2017 年"全球乳业 20 强"榜单上，伊利集团排名第八。骄人成绩的背后，浸透着的是伊利集团全体人员团结一致、辛苦奋斗的汗水，彰显了伊利人对生产高品质乳制品的坚持和孜孜无怠的追求。

视产品品质为生命的伊利集团，不论行业内有何变动，都致力于生产百分百健康安全的乳制品。即便是在与同行蒙牛的竞争中处于劣势地位，经济效益较大幅度下降，其也牢记使命，不曾对产品质量有过一丝一毫的疏忽。

在质量管理方面，伊利集团为保证零食品安全事件，采用了最严苛的质量管控标准，并将之贯穿于企业的全球产业链。据统计，至 2016 年底，集团检测设备累计投入资金已达 5.97 亿元。除此之外，伊利集团始终坚持创新发展战略，积极整合海内外研发资源，为广大消费提供营养更丰富、口感更醇香的产品。

伊利集团董事长在 2017 年夏季达沃斯论坛期间首次提出一个宏大的理念——"让世界共享健康"。这一理念的提出，进一步彰显了伊利集团对生产高质量产品的坚持，体现了其以诚信立企、以顾客为上的理念。

正所谓："欲动天下者，当动天下之心。"伊利集团以诚信对待顾客，为顾客创造价值，就是为了赢得顾客的心。这不仅帮助其树立了良好的企业形象，也得到了顾客的极大信任；不仅获得了更加广阔的消费市场，也得到了更多的社会资源和发展机遇。

## 重构资本
RECONSTRUCTION CAPITAL

  法国作家罗曼·罗兰曾言："对于成功，99%的努力和1%的天才是不够的！还必须有200%的品德做保证。"而在这200%的品德之中，当以诚信为先，以诚信为本。当企业能够把诚信作为衡量自己生产经营的标尺时，便会自觉地为顾客提供高质量的产品和服务。与此同时，企业才能获得顾客的信任，并寻找到更多的合作伙伴，得到更多的发展机会与资金来源。总而言之，企业唯有以诚信为基，方可聚合大小资产，实现重构资本，回馈社会，方可使企业在市场竞争中立于不败之地。

## 第三节　善念永存，以爱加持

有这样一个基本命题："企业的目的就是盈利，不是赔钱。"然而，获得财富绝对不是企业追求的唯一目标。当企业以诚信立企，获得发展的资本，并通过资本的运作使企业赢得更多的财富时，企业如何进一步提升资本的力量呢？

2017年11月23日，第十三届中国企业社会责任国际论坛暨2017责任中国荣誉盛典在北京举办。本届论坛以"致恒心：可持续的责任生态"为主题，清华大学副校长杨斌当选"2017年度责任人物"。在主题演讲中，杨斌教授表示："学者、实践者、媒体一起合作，以我为主，博采众长，形成中国企业社会责任的自成一家，以更好地指导与服务中国实践，这项工程，必要而急需。"

对于企业家来说，心存善念，积极主动承担社会责任，热心公益事业，既是时代发展的要求，也是其自身发展的需要。唯有爱，方可使企业进一步提升资本力量。

## 重构资本
RECONSTRUCTION CAPITAL

### ✧ 以善存心，成就社会企业家

无论在什么时代，爱国都是一个永恒不变的主题。从古至今，无数仁人志士都将国家利益摆放到最高位置，彰显了其高尚的爱国主义情操。在当下日新月异的新时期，弘扬爱国主义，使每一个人都成为祖国母亲坚定的拥护者与追随者，显得尤为重要。而承担社会责任，积极参与社会公益活动，尤其能够显现当代企业家的爱国之情，亦是当代企业家精神的重要表现。

阿里巴巴首席市场官王帅曾表示："商业本身就有公益的基因，这两者从来就不是割裂分离的。"资本运作使企业发展获得成功，使企业获得财富，使消费者得到满意的产品和服务。要想进一步提升资本的力量，企业必须积极参与公益活动，承担社会责任。企业的公益之行，不仅是其对自我社会价值的一种肯定，而且使资本得到了更加有意义的使用；不仅扩展了资本的内涵，更提升了资本的力量。

社会企业家，一个新兴的群体。其致力于公益活动的发起和经营，是当代企业家精神的生动写照。

经典著作《如何改变世界》的作者戴维·伯恩斯对社会企业家的定义是："为理想驱动、有创造力，质疑现状、开拓新机遇、拒绝放弃，构建一个理想世界的人。"简而言之，社会企业家是一群这样的人：从商业的角度出发，以商业的眼光看待层出不穷的社会问题，用商业的规则和方法解决社会问题。其以解决社会问题为使命，获取盈利以维持组织的正常运行。盈利，不是其商业活动的主要目的。

社会企业家心存善念，其以最大的爱心和无私奉献帮助解决社会上存在的问题，有效减轻了国家的负担，促进了社会的发展。在国外，杰鲁为救助印度流浪儿童，创立了24小时救助热线；在国内，平民教育家晏阳初

第九章
正向激励，企业家精神

则是社会企业家的典范。社会企业家不仅解决了许多社会问题，造福于社会，更实现了自身生命意义的升华。

## ✧ 以爱之行，浇灌公益之花

2013年，中央电视台推出了首档大型公益对话栏目——《公益的力量》。该栏目向社会大众传递了"公益是一种责任，责任是一种使命，使命是一种力量"的理念。如今，越来越多的企业家正行走在公益的道路上。唯有以爱浇灌公益之花，以爱铸就公益之行，才能进一步彰显企业的社会价值，才能促进社会主义和谐社会的构建。

2015年1月，湖南省扶贫办公布了2015年至2020年全省8000个省级贫困村的名单。14个市州中，邵阳市囊括的贫困村最多，有1273个。而邵阳县位于湘中偏西南，全县土地面积1996.08平方千米。2002年，邵阳县被列入国家扶贫开发工作重点县。从2005年开始，省财政到邵阳县开展精准扶贫。

整洁的教室、温暖的宿舍、一日三餐……这些我们因为习以为常而不曾用心感受的场景，对于生活在社会边缘的孩子们来说却是极其奢侈的东西，获取这样简单的幸福竟变成了困难重重的梦想。

为了帮助邵阳市贫困地区的孩子们解决上学难的问题，我与董事壹号的成员们在2017年11月为其举办了一场慈善捐款活动。我们运用社会工作专业理念与方法，为湖南省邵阳市特困儿童提供必需的生活费和必要的物质支持，倡导村民积极发展，支持贫困儿童努力学习，以己之力帮人爱人。

我们以"贡献与成就"为理念，帮助贫困山区和失学儿童，把爱传递给世界各地需要帮助的人。仁爱在心，慈善在行。我们坚信，众多的"一己之力"可以汇聚成一份无穷的力量，人们的每一份爱心都将是点亮贫寒学子求学之路的星星之火。

　　大爱无疆，仁行天下。回馈，应当成为企业家一生的功课。只有通过奉献社会，企业家才能实现人生的最后圆满；只有积极参与公益活动，企业才能赢得社会的认可与尊重，才有机会成长为百年企业。

　　社会责任之外，企业家还要积极承担起政治责任和发展责任。所谓政治责任，即在国家的倡导下，积极促进新型政商关系的建立。所谓发展责任，即促进国家经济发展，实现由"中国制造"向"中国创造"的转变。企业家要坚守初心，抵住诱惑。积极响应国家品牌计划，大力创新，提高产品的质量和技术含量，做大、做强企业，努力打造中国品牌、世界品牌。

　　正所谓能力越大，责任越大。企业家作为市场经济活动的重要参与者，与人民、社会有着紧密的联系，彼此相互依赖，共同发展。因此，企业家在大力创新、创造社会经济财富的同时，必须强化命运共同体意识，增强使命感和责任感；努力做到取之于社会，用之于社会；心存善念，将公益作为一生需要践行的事。通过公益之行，实现反哺社会，以爱提升资本力量。

## 第四节　商业本质，以舍换得

商海浮沉，一旦进入，便容易迷失方向。尤其在这个经济发展速度越来越快的时代，企业必须时不时地停下脚步，回首初心，细想自己是否偏离了当初的目标。然而无论是做到讲诚信，还是热心公益事业，如果企业家无法认识到商业的本质，企业便不可能真正实现做大做强。

世界商业伦理论坛，以"重塑商业伦理，振兴人文精神，守护自然生态"为使命。多年来，该论坛受到联合国教科文组织给予的特别支持。世界商业伦理论坛的成功举办，提醒着企业家们要正确看待得到与给予的关系。本质而言，商业就是一门关于得到与给予的哲学，即为社会创造价值，赚钱只是结果的一部分而已。只有深刻懂得二者之间的关系，企业才能获得更多发展的资本。

✧ 给予即得到

给予的目的是实现利他。利他，从字面意思来看，即做有利于他人的事。与侵犯不同，利他，作为一种亲社会行为，意在给予他人方便和利益而不图回报。这是一种自觉自愿的行为，亦是一种美德。《大学》有言："德者，本也。财者，末也。外本内末，争民施夺。是故财聚则民散，财散则民聚。"一味敛财，则会失去民心；只有互惠，才能长久。利他，就是一种典型的实现互惠共赢的方式。利他主义者不仅可以摆脱自私自利带来的困扰，更可以为他人增添快乐。

美国哲学家托马斯·内格尔在《利他主义的可能性》中说道："我怀疑真正的利己主义者的存在。要知道这种利己主义在实践中会是怎样，它不仅要不关心他人，而且不会认为他人应该关心自己，除非是把这当作手段或出于偶然。利己主义者在需要帮助时，都要考虑他人能从帮助自己中得到什么好处，他还不在可以心怀怨恨者之列。别人的脚后跟踩到他的脚趾了，他感到痛，因此他有理由把脚抽出来，但那个人没有理由移开脚，因为感到痛的不是他。"

从这段论述中我们可以得知，绝对的利己主义者是不存在的。同样的，绝对的利他主义者也是不存在的。

因此，利他并不意味着一定要牺牲自己。在社会活动中，心存善念，以最大的善意帮助别人，努力做到利此保彼，就是最好的利他行为，这也是一种自我实现。利他行为可能一时看起来损害了自己的利益，但是换个角度，或者从长远来看，利他行为的背后一定是利己的，个人总能从利他行为中得到一些东西。

对话京都陶瓷株式会社（京瓷公司）创始人稻盛和夫，我们会明白，最好的利己，莫过于利他；最好的得到，莫过于给予。2010年，其承担巨大风险，不收取工资，以近80岁高龄，在日航身陷危机之时，出任日航会长。作为一个航空运输领域的门外汉，之所以能使日航重生，一个重要的原因就是他将自己的利他信念传递给了每一个员工。

给予是最好的得到，要懂得给予，做利于他人的事。然而并不是每个人都可以做到利他。利他是一种人生哲学,更是一种处世智慧,需要认真学习,使利他成为自己为人处世的一种态度,并在社会生活中加以实践。利他心,是人类永久的财富。

### ◇ 奉行"利他"王道

21世纪,商业文明红利迎面而来。如何使社会大众受益?如何从根源上解决企业发展的生命力问题?

俗话说:"商场如战场。"然而我们都希望商场可以多一些和谐,少一些"你死我活"的竞争。如果企业家们可以认识到利他自利的价值和意义,一定会使商场少一些尔虞我诈的现象,变得更加和谐。

马云在清华大学演讲时曾说:"我们今天要改变的,不是技术,不是改变昨天跑在前面的人,而是改变自己以适应未来。以前我们做企业以自己为中心,未来新经济下是以别人为中心、以客户为中心、以员工为中心。让员工比你强大,这是未来最重要的,因为员工是未来创新的源泉。"以他人、客户、员工为中心,正是马云利他思想的表现。

当下的商业变革使企业家们埋头应对变革所带来的危机与挑战。在这个过程中,企业家们的功利心不可避免地会有所加重而不自知。总想在商业竞争中获得胜利,一门心思寻找制胜之法。

医有医道,商亦有商道。遵循商道,即可在商场竞争中游刃有余。今之商道用两个字来概括,即利他。一个真正具有利他之心,并将之运用到企业经营管理之中的企业家,非但不会因自己的利他之举受到损害,而且可以直接或间接地因此受益,甚至收获成功。正如稻盛和夫所说:"自利是人的本性,但利他也是人性的一部分,利他则久;没有利他,人生和事业就会失去平衡并最终导致失败。"

聚焦山东金柱控股副总裁、聊城千岛山庄医院院长张洪军,其本着把医养结合事业做大做强的整体目标，秉持着"精心、悉心、仁心"的理念，在激烈的市场竞争中劈浪前行，如今使医院飞速发展到快航道。为贯彻响应习总书记的十九大工作报告及2018年全国卫生工作会议精神，按照国家医养结合的目标，明确医养结合的战略方向，实现医院工作定位，利用尖端医疗带动养老发展，开启了养老产业发展的新格局。借助发展大势，逐步落实医养结合具体工作，进一步扩大服务覆盖面和自身影响力。千岛山庄医院将此项民生工程，走到了聊城乃至全省的最前头。

在商场竞争中，永存善念，利此保彼是商道。在社会生活中，永存利他之心，亦是生活的王道。我们要学会用利他的方式，做利己的事，培养自己的利他之心。要树立利他的观念，不断强化利他意识，使利他行为成为自己日常行为的一部分。

正所谓："有心栽花花不开，无心插柳柳成荫。"过分看重得与失，无疑会限制企业的发展，使企业陷入被动的困局。如果企业可以从得到与给予的哲学中汲取力量，那么一定可以增强企业发展的生命力和活力。

总而言之，对于21世纪的企业来说，其必须具备的素质就是具有利他思想。一个有利他之心的企业家，会对他的员工负责，更会对社会负责。或许，在当下或是未来，最应该在商业经济领域得到广泛认可和奉行的宗旨就是利他主义。唯有利他，是最好的利己；唯有利他，方可使企业在发展的道路上越走越远。

# 第十章
# 风起云涌，攻陷资本

互联网的兴起，对资本市场产生了革命性影响。新的金融模式随之出现，重构着资本市场的格局。新兴的互联网金融与传统金融行业相结合，激发了资本市场的新活力。资本市场的繁荣，对经济的发展有着积极作用。在新的资本运作方式下，企业出现了新的经营模式，通过借助资本市场的力量，快速实现市值裂变，完成企业的跨越式成长。

在这个充满变革的时代，无论是个人还是企业，了解资本的前世今生，把握资本的未来动向，才能顺势而起，在风起云涌的市场环境中找到出路，大展拳脚。

# 第十章 风起云涌，攻陷资本

## 第一节 未来已来，资本的最终流向

企业对资本有着先天的依赖性，从技术研发到转变模式，从维持运营到实现扩张，每个环节都是以资本为后盾而进行的。诺贝尔经济学奖的获得者乔治·斯蒂格勒说过："纵观世界上著名的大企业、大公司，没有一家不是在某个时候以某种方式通过资本运营发展起来的，也没有哪一家是单纯依靠企业自身利润的积累发展起来的。"

一个中小企业想要崛起，就要善用资本，以资本的力量在最短时间内完成市场扩张，走到行业的前沿。利用资本的前提是拥有资本，如何获得资本市场的青睐是许多企业经营者关注的问题。资本市场虽然复杂，但不是无规律可循，拨开重重迷雾之后，我们会发现，资本最终都会流向拥有最优价值的企业。因此，经营者想要吸纳更多资本，就要打造最优价值企业。

### ◇ 什么是最优价值企业

企业存在的价值是盈利，通过什么样的模式实现盈利是最优价值企业与一般企业的最大区别。举例来讲，2014 年，共享单车行业出现，随后很多共享单车企业如雨后春笋般冒出，但没过多久又消失在大众的视线中。在竞争激烈的市场中生存下来的只有摩拜单车、ofo 小黄车等为数不多的几个品牌。

这几个品牌为什么能够在竞争中取胜，取决于它们在进入市场后采取的发展模式。以 ofo 为例，企业进入市场后，几乎是零盈利运行，但这种方式也使其快速打击了竞争对手，赢得了用户的迅速增加和市场份额的快速增长。2017 年，ofo 推出"1 元包月"的月卡活动，注册会员大幅增加，市场份额再度增长，超过了 50%。

最优价值企业通常都不会死守眼前的小利，而是将目光放得更长远。这些企业用让利来吸引用户，进而抢占市场，当在市场占据了一定份额后，依靠已经树立的品牌和掌握的客户资源，企业就能吸引大量的投资者，而来自资本市场的利润会远远高于产品利润。利用这样的发展模式，ofo 的市值在一年内就翻了 200 倍。新的商业模式，资本力量的合理运用，在移动互联网趋势的助力下，造就了这个最优价值企业。

当然，ofo 的成功除了上述原因，还在于其行业优势：共享经济是一个新兴行业。敢于在一个行业兴起之初就进入其中，并找到合适的经营方式生存、发展的企业，在该行业具有先天的竞争优势。而且，共享经济是顺应时代发展的产物，其发展前景十分广阔。

当今社会，资源浪费、环境污染等问题已经成为社会焦点，资源利用效能最大化成为了亟待实现的目标。共享经济可以盘活闲置资源，挖掘充裕而稀缺的资源，使得资源形成闭环式循环利用，这与时下的节能环保理念正好吻合。因而共享单车一经问世，便得到很多投资者的热捧。

资本青睐于新兴行业，正是因为这些行业广阔的发展前景。共享经济作为一种新的基于互联网技术的商业模式，颠覆了很多传统行业，同时也在市场中开辟了新的天地，催生了不少新兴企业。例如，继共享单车风靡市场之后，共享汽车与共享房车逐渐走进人们的视野。旅游业、家居服务业、餐饮服务、物流服务业等各个行业也都出现了共享的"身影"。投资这样的行业，尤其是这样的行业中的最优价值企业，投资者能获得更持久的收益。

当然，传统行业同样存在最优价值企业，诸如餐饮行业的麦当劳、家电行业的海尔等都是行业里的佼佼者。从这些企业的共性，我们可以看出最优价值企业的一些特点：第一，它们的产品或服务没有明显的区域化特征，即它们的市场可以是全国，甚至全球范围的；第二，它们所处的行业并未触及发展壁垒，这就意味着这些行业的市场还未达到饱和，企业尚有良好发展前景；第三，这些企业都有强烈的创新意识和市场敏感度，充分了解消费者的特点，会根据市场需求，不断进行产品的更新换代，不会轻易被市场淘汰。

拥有这些特点的企业，一旦得到资本市场的支持，很容易实现规模的快速扩张，在短时间内跻身到行业的"第一梯队"。所以，对于资本市场而言，这样的企业更有投资价值。企业想要快速做大做强，就要将自己经营的目标从赚钱转变为提升企业价值。

◆ **如何打造最优价值企业**

打造最优价值企业，可以从四个方面做起。

第一，改变经营理念。经营者在制定企业发展战略时要考虑长远利益，而不是将所有的运营环节都围绕在获得产品利润上。过度在意产品利润的企业，在今天的市场上很难获得竞争优势，因为产品利润增加的背后是更高的产品价格，而价格上涨对企业抢占市场会造成一定的阻碍。相反，将企业经营的重点从产品利润上抽离，转向吸引更多用户，赢得更好的口碑，企业更易在竞争中获胜。比如微信这一产品是完全免费的，打车软件

## 重构资本
RECONSTRUCTION CAPITAL

滴滴在运营时实行红包奖励政策等，这样的经营方式很难带来产品利润，却为企业带来了大批忠实用户，聚集了大量有黏性的消费群体，创造了巨大的升值潜力。升值潜力是资本能否实现快速增值的核心，即企业实现市值增长的核心。把从产品利润赚钱的理念转变为从市值赚钱，就是打造最优价值企业的第一步。

第二，组建优秀的团队。优秀团队的基础是人才，人才是企业的核心资源，没有人才作为支撑的企业很难得到发展。如何吸引人才？相对于高薪，更有吸引力的是企业的格局。只有大格局的公司才能吸引大格局的人才，而这样的公司通常都有着优秀的企业文化。价值观的认同是企业吸引人才、留住人才的一大利器，也是企业增加员工凝聚力的重要手段。在价值认同的基础之上，构建人性化的管理制度和合理的组织结构，让每个人才都处在合适的位置，充分施展自己的才华，这样的团队方能称之为优秀。一个企业到底有多大价值，归根到底还是要看其团队的价值。

第三，不断改革创新。时代在变，市场在变，企业自然也要变。创新是企业在这个变革的时代中必不可少的能力，想要跟上时代的步伐就要不断求变，勇于创新。苹果公司的产品之所以大受欢迎，与其强大的创新能力有着直接关系。每次苹果公司的新产品问世，都会吸引大量的科技粉丝，这就是创新带来的效益。拥有最优价值的企业必然不会短命，而企业想要长青，就要不断创新，不断改变。

第四，用资本提升企业的价值。当今社会，企业之间的竞争日益激烈，想要在激烈的竞争中脱颖而出，单靠企业用产品利润一点一点"滚雪球"般地积累资本，速度太慢。企业要快速扩张，就要学会通过资本运作，快速整合资源，攻占市场。滴滴为什么能够采取红包奖励政策吸引用户？就是因为其超强的融资能力。融资并不是一件容易的事，但每一个成功的企业都有一个善于融资的经营者，例如阿里巴巴的马云、京东的刘强东。

一个成功的企业可以不上市，但必须要融资，因为资本是企业价值增长的助推器。

最优价值企业较传统企业而言，更加重视资本市场的作用。企业主动向资本市场靠拢，资本向企业流转的概率就会增大。中国的资本市场日益繁荣，对实体经济的推动作用也愈发明显。通过合理地运作资本为企业的发展服务，以重构资本的方式快速提升企业的市值，会大大缩短企业走向成功的时间。

中国经济已经进入资本运作时代，在这样的时代背景下，忽视资本运作的企业很难变大变强。最优价值企业对资本市场更加敏感，懂得充分利用资本的力量激发企业成长。了解资本的未来动向，是企业掌控资本的前提。市场永远在变化，我们很难预测它的未来，但无论市场如何变化，资本最终还是会流向拥有最优价值的企业。

## 第二节　重构资本，市值的跳跃式增长

处在大变革时代之中，企业要发展就要主动求变。变革要从企业最重要的方面入手，方能取得最为明显的成效。企业的发展离不开两条命脉，一是人才，二是资本，而重构资本恰好切中了其中一条。

在这个瞬息万变的互联网时代，仅仅依靠最原始的"滚雪球"方式进行资本积累，已经很难适应市场的变化速度，完成企业市值的跳跃式增长。企业想要迈上更高的台阶，就要合理地发挥资本的作用。为什么说重构资本能够激发企业市值的跨越式增长，是因为这一变革方式往往是用更小的代价、更低的风险，创造出更大的价值。通过重构资本，企业的市值能够在最短时间内完成裂变。

### ✧ 影响企业市值增长的因素

所谓"巧妇难为无米之炊"，企业的市值不会凭空增长。一个好的企业需要"内外兼修"，才能保证良好的发展态势，创造出更多价值，进而实现市值的增长。科学的管理制度、合理的发展战略、领先的行业技术、

安全的融资渠道等都是影响企业市值的重要因素。

从内部因素来讲，想要保证企业持续发展就要从多方面着手：打造优质的品牌、提升技术水平、构建产业价值链、塑造优秀的企业文化等。

优质的品牌本身就是一种竞争力，它带来的效益是长久的、持续的。作为一种无形资本，优质品牌的价值是很多有形资产无法比拟的。在互联网时代，这种价值更容易被放大。从一个小小的冰箱厂变成全球大型家电第一品牌，海尔的逆袭之路充分体现了一个优质的品牌所能发挥的巨大能量。其实，品牌一旦被消费者认可，就能直接影响企业的市值。创立一个优质的品牌，就是在创造资本。

优质的品牌源自良好的产品质量，而产品质量又与技术有关。没有技术做保障，质量就无从谈起。先进的技术为企业提供了同类产品竞争中的绝对优势，同时也为企业赢得了更多资本市场的青睐。在投资者眼中，新技术无疑是一个巨大的加分项。资本市场的支持，正是企业将品牌和技术的效用发挥出来的强大助力。

当然，要将资本这一助力的作用最大化，需要借助企业构建的价值链。在一个企业的运行过程中，并不是所有活动都能创造价值。企业所创造的价值大多来自某些特定的价值链，而资本的核心恰恰是构建这些价值链。构建自己的价值链，对于中小企业而言，是整合优势，增强竞争，实现企业市值增长的重要环节。发挥价值链的作用，是合理利用资本的过程，也是增加企业市值的过程。

当一个企业拥有了品牌、技术和价值链时，就有了走向成功的基础，但是这样的成功能够持续多久，就要取决于企业文化了。任何历史悠久的企业最终传承的都是优秀的文化。企业文化是企业在创造物质文明的同时，所体现出的精神追求。这样的追求赋予了企业灵魂，使其能够看得更远，走得更长。

除了上述四项内部因素之外，还有一项外部因素，与它们相互作用，共同影响着企业的市值，那就是融资渠道。

市场经济开放之初，中国企业的融资途径并不多，向银行申请贷款或寻找合伙人是最热门的选择。就贷款而言，银行往往更倾向于借贷给大企业。相较之下，中小企业在通过借贷进行融资时，总会遭遇重重困难。这与我国的国情有着密不可分的关系。我国尚未建立完整的信用体系，加之中小企业规模小，发展情况起伏较大，偿还能力有限，所以银行在向中小企业提供贷款时，会进行更多的考量。在借贷受阻的情况下，很多中小企业会选择寻找合伙人，这一方面可以为企业吸纳资金，另一方面能够分摊经营者所承担的风险。

随着市场经济的发展，企业的融资渠道也在增加，发放外债、上市融资等方式逐渐出现。目前，中小企业最热衷的融资方式就是上市。上市较其他融资方式而言，有着明显的优势：融资风险低、规模大、持续性强。所以越来越多的企业通过上市进入了资本市场，中国的资本市场也愈发繁荣。

资本市场因实体经济而产生，对实体经济产生促进作用。企业通过资本市场获得更多资金开发技术、开拓市场，推进企业发展，实现市值的增长。事实上，市值增长不仅为企业带来利益，对资本市场同样是一种回报。合理地利用资本市场和实体经济的关系，形成一个良性的循环，可以促进中国经济更健康地发展。

### ◇ 如何实现企业市值的裂变

找到了影响企业市值的主要因素，我们就能够对症下药，用合适的方式来实现市值的裂变。一个企业要想运用有限的资源在市场中快速发展起来，就要在适当的时机，进行资本重构。重构资本是一个复杂的过程，需要企业制定合理的战略，找到合适的路径，培养创新力，增强核心竞争力。

首先，制定战略规划。战略规划是决定企业经营活动成败的关键性因素，也是企业基业长青的顶层保障。战略对企业的重要性，就像方向盘之于汽车，它决定着企业的未来，并随时纠正着企业发展的方向。制定合理的战略规划，要综合考虑各种因素，包括市场的变化、国家的政策、可执行性等。企业经营者在制定战略的过程中，要把目光放长远，将目标放大数倍之后再思考，制定出的战略对企业的长久发展会更加有利。合适的战略需要高效的管理制度帮助其落实。只有落实后的战略，才能真正发挥作用。

其次，选择合适路径。对于企业而言，从发展战略往往能看出其发展道路。企业想要以最快的速度发展壮大，带动市值增长，就要选择一条前景好的发展道路：优先进入高利润区。

进入高利润区的前提是对行业的全面深刻分析，了解行业的中、高、低端各部分市场，找到真正的高利润区。在市场日渐成熟的情况下，寻找高利润区变得不再简单，从价值链的薄弱环节、微笑曲线两端、行业边界，以及消费者的需求入手，更易成功。进入高利润区后，企业的盈利速度会加倍增长。所以，优先进入者会得到更多竞争优势，实现市值的跳跃式增长。

再次，培养创新力。创新力是经营者在重构资本时要具备的思维能力。资本重构多数情况下发生于企业发展陷于瓶颈之时，如果没有创新思维，企业很难打破陈旧模式，顺利完成重构过程。创造出适应时代、适应市场需求的新商业模式，结合资本的力量，无疑能够帮助企业摆脱原有命运。

很多企业拥有丰富的经验和充足的资金，却因创新力不足而走向失败。企业的创新不是漫无目的，要从三点着手：产品和服务，目标市场，产品和服务传递给消费者的过程。产品和服务是一个企业存在的基础；目标市场是企业的消费人群定位，是企业利润的最终来源；产品和服务传递给消费者的过程，是考验产品的最后环节。只要围绕这三个环节，从实际出发，企业的创新就不会朝着"不着边际"的方向发展。有价值的创新，对于一个发展势头良好的企业是锦上添花，对于濒临破产的企业而言，则犹如救命的良药。创新带来的效益增长往往是跳跃式的，这也是现在的企业愈发重视创新能力的原因。

最后，打造核心竞争力。核心竞争力就是企业在竞争中取胜的能力，是企业获得长足发展的关键。

整合资源是提升企业核心竞争力的方式之一。任何企业的资源都是有限的，知识、市场、营销等资源的整合可以增加资源的利用率，为企业降低成本，攻占更多的市场份额。资源要整合，思维却要碎片化。碎片化思维是移动互联网时代的一大特色。充分理解消费者的这种思维，转变企业的价值定位，更易获得消费者的青睐。消费者是市场的真正主宰者，只有踏踏实实为满足消费者的需求服务，企业才能真正掌握核心竞争力。

企业进行资本重构的目的是实现市值裂变，提升企业价值。价值越大，企业所背负的责任也就越大。一个好的企业除了盈利之外，还应该考虑对社会的影响。明确资本重构的目的，找准企业发展的方向，不忘初心，担负起企业的社会责任，企业的变革之路才不会走歪，资本的重构才能更具价值。

资本重构是一个变革的过程，是打破旧模式，创造新价值的过程。越来越激烈的市场竞争让很多企业步履维艰，想要快速积累资本发展壮大，就要学会用正确的方式重构资本，将资本的作用最大化地发挥出来，从而实现市值的跳跃式增长。

## 第三节 市场之道,唯变制胜

我国经济经过长期的高速发展,如今逐渐趋于平稳。经济新常态的出现不仅改变了经济的增长引擎,还改变了人们的生活方式。

生活方式的改变,意味着以消费者为生存基点的企业要进行变革,只有变,企业才能立足于市场;只有变,企业才能构想未来;只有变,企业才能屹立不倒。

### ◇ 变,是时代的趋势

在当今时代,变化是不变的主旋律。今天的中国,政治、经济、文化等社会生活的方方面面都处在变化之中。人们的消费方式也在科技进步、收入增加等各种因素的影响之下,发生了巨大的变革。

科技对我们生活的影响从来都是直接而深刻的,互联网技术的发展创造了新的经济模式,在很大程度上改变了我们的消费方式。随着"互联网+"时代的到来,我们的消费模式也进入了新时代。

"互联网+"的出现在经济市场中掀起一阵浪潮,人们的生活发生了

## 重构资本
RECONSTRUCTION CAPITAL

日新月异的变化。仅就支付方式而言，过去主要是以现金为主，而如今只要带着一部手机出门，就可以轻松解决一切消费问题。支付宝等互联网付款形式的出现，为我们的生活提供了极大的便利，同时也对我们的消费方式产生了直接影响。因此，它与高铁、共享单车和网购一起被列为中国的"新四大发明"。

科技的进步带来了新的消费体验，以80后、90后为主的消费群体对新的科技产品或服务的接受能力较强，而且这一年龄层的人普遍接受过一定程度的教育，在消费时更加注重精神层面的体验。这就对企业提出了新的要求，企业要适应新的消费需求就要从改变自身做起。

"互联网+"在改变消费模式的同时，也改变了资本的运作模式。由于信息传递成本下降，信息公开程度增加，资本市场的主要组成部分证券市场出现了新的变化。证券发行者与投资者之间直接沟通的难度降低。证券交易过程对证券交易所等传统中介机构的依赖程度迅速下滑，这一方面迫使传统证券中介机构的功能发生变化，另一方面使得互联网在资本交易中的作用愈发明显。

运用互联网进行资本的运作，孕育出了一种新的金融模式："互联网+金融"。"互联网+金融"模式的出现，让资本的交易不再烦琐复杂，更加贴近普通人的生活。众筹等融资方式为企业开创了新的筹集资金的门路，而种类繁多的互联网理财APP也吸引了众多投资者的目光，近期话题度一直居高不下的虚拟货币，更是引起了多国监管部门的高度注意。新的金融模式在让资本的运作变得更加便捷的同时，也对监管部门提出了更大的考验。

资本市场在"互联网+金融"的模式出现后，变得更加活跃。如何在这个活跃的市场中获得投资者的青睐，是许多企业家需要思考的问题。

消费模式在变，资本运作模式在变，预示着市场也在变。企业想要在市场中生存，就要适应这种"变"，用新的思维，新的模式，以变制变。

## 第十章
### 风起云涌，攻陷资本

◇ **变，是制胜之道**

这是一个变革的时代，消费方式、投资方式都处于不断的变化之中。变化带来了企业发展的不确定性，在这种情势下，企业要想获得竞争优势，必须了解市场的变化趋势，进行经营模式的变革。"物竞天择，优胜劣汰，苟不自新，何以获存。"企业唯有不断变革，才能在市场中得以生存。其实，与其在市场的压力之下被迫改变，不如让主动积极的改变成为常态，主动求变方为制胜之道。

比如，随着人们生活方式的改变，外卖市场的需求越来越大。在"互联网+"的影响下，一些企业开始探索新的经营模式，由此出现了"互联网+餐饮业+快递服务"的模式。这一模式很快得到80后、90后等年轻群体的认可。据相关数据显示，仅2017年美团外卖的交易额就达到了1710亿元，而这一年中国外卖市场的总规模在3000亿元以上，美团外卖占比超过40%。可见一种新的适应市场发展的商业模式，对于企业发展的推动作用是无比巨大的。

每一种成功的商业模式都必然是顺势而生的产物，而一种商业模式成功的背后，离不开资本的支持。

掌握更多的资本对于新兴企业而言，在很大程度上意味着掌握了快速抢占市场的先机。美团网自2010年成立以来，经过数次融资，有了雄厚的资本。在资本的支撑下，美团网迅速攻占这一新兴市场，发展势头一路突飞猛进，很快成为行业里的佼佼者。2015年，美团网并购大众点评。这次资产重组后，美团网更是稳居外卖行业第一，直到饿了么收购百度外卖后，才对其行业地位造成了威胁。

由此可见，资本是一个企业发展壮大的利器。而当一个企业的发展陷入停滞期，重构资本就是激发企业活力，完成企业升级的有效手段。企业

## 重构资本
RECONSTRUCTION CAPITAL

升级往往可以带来市值的裂变。这种方式适用于新兴行业，同样适用于传统行业。

在传统行业中，资本重构是企业打破束缚、重新焕发生机的主要路径。2018年1月31日，证监会宣布无条件审核通过河北衡水老白干酒业股份有限公司的重大资产重组事项。老白干的这次资产重组旨在收购丰联酒业，以提高市场占有率，进而增加企业的营业额，创造更多利润。资本重构对市值会产生直接影响，此次老白干的并购顺利完成后，很有可能会带来市值的大幅增长。对于那些市场份额长期处于稳定状态，难以打开新局面的传统企业而言，重构资本是一次实现市值飞跃的良机。

一个企业可以通过重构资本实现市值增长，一个行业也可以通过重构资本来进行转型升级。比如钢铁行业产能过剩，导致行业不景气，国家提出供给侧改革，引导钢铁行业进行革新升级。钢铁行业的升级在很大程度上要依靠资本来运行。通过兼并重构提高行业集中度，升级生产技术和管理模式，进行合理的战略规划，打破行业天花板，钢铁行业才能找到新的出路。运用资本助力行业转型升级，充分发挥了资本对实体经济的反作用，有助于促进实体经济快速、健康发展。

发展本身就是一种变化，当然它的原动力也来源于变化。重构资本是通过资本的变化，改变企业，适应市场，赢得发展。

无论在哪个时代，逆历史潮流者都只能走向灭亡。今天的市场处在飞速变化之中，企业唯有顺势而变才能不悖历史潮流，获得长足发展。对于企业而言，被迫改变可以换来生存，而主动求变则可赢得成功。正所谓市场之道，唯变制胜。

**王平**
总经理
山东梓汇建筑工程有限公司

**汪卫真**
总经理
广州市洪光经络文化传播有限公司

**王呈杰**
董事长
青海省海西州兄弟商贸有限公司

**陶劲坤**
董事长
成都草木金华科技有限公司

**谢慧姬**
创始人兼董事长
玛丽爱亚（香港）集团有限公司

**谢军**
董事长
成都世纪金牌酒业有限公司

**张凤莲**
董事长
中斐煌睿生态农业发展有限公司

**张洪军**
院长
聊城千岛山庄医院

**张惠**

**郑景钟**
总经理
深圳市千佳行贸易有限公司

**钟四平**
所长
深圳长江会计师事务所

**周熙**
执行董事
中联吉象融资租赁有限公司

**关运华**
董事长
广盈华宇科技发展（深圳）有限公司

**郝君**
董事长
哈尔滨安沃生物科技有限公司

**何东升**
总经理
江西省龙南县六狗寨油茶开发有限公

**刘志华**
董事长
广州市东方文旅产业开发有限公司

**刘仲**
创办人
酷罗米（深圳）科技有限公司

**戴启文**
董事长
惠州米倍德鞋业有限公司

**高建军**
总经理
语高国际健康管理有限公司

**谷志明**
总经理
深圳遥控天下网络科技发展有限公司

**胡文宾**
创始人
北京兄鹏马术俱乐部有限公司

**廖利娴**
董事长
广东如日建设工程有限公司

**刘东平**

**刘强**
创始人
江西省金刚山生态农业开发有限公司

**马兴民**
董事长
吴忠市牛约商贸有限公司

**倪军**
董事长
明光浩淼安防科技股份公司

**潘小华**
总裁
河口信合水电开发有限公司

**陈立文**

**汪丽**
CEO
龙游汽车人俱乐部

**曲秀娟**
董事长
山西运城世纪博爱医院

## 《重构资本》联合发起人

| 姓名 | 职位 | 公司 |
|---|---|---|
| 刘亮 | 合伙人 | 深圳东方地泰投资管理有限公司 |
| 蔡文珍 | 董事长 | 东莞市鑫聚光电科技股份有限公司 |
| 董筱雅 | 董事长、CEO | 共赢链（北京）商业连锁管理有限公司 |
| 陈安民 | | 中佳宜局科技有限公司 |
| 段佳宁 | 创始人 | 新睿女主人形象设计 |
| 程毅 | 总经理 | 遵义禹晨汽车贸易有限公司 |
| 封波 | 总经理 | 天津爱熤七玺珠宝有限公司 |
| 戴顺满 | 董事长 | 蓬莱多麦福酒业有限公司 |
| 黄新宏 | 执行总裁 | 新加坡惠义财富管理 |
| 董莉 | 董事 | 光耀发展股份有限公司 |
| 樊柯 | 董事长 | 吴鼎健康咨询有限公司 |
| 丰书生 | 原站长（法人代表）、高级工程师 | 安徽省农业机械鉴定站 |
| 黄幸生 | 董事长 | 深圳市弘德信实业有限公司 |
| 冯伟 | 创始人、总设计师 | 成都阿哈建筑设计有限公司 |
| 江保松 | 总经理 | 北京乾惕企业管理咨询有限公司 |
| 侯希武 | 董事长 | 内蒙古赤峰市克什克腾旗星河宾馆 |
| 姜琦峰 | 董事长 | 上海名丝企业管理咨询有限公司 |
| 莫东美 | 合伙人 | 中生健康产业集团 |
| 雷兴荣 | 市场部总监 | 魔线集团（深圳）有限公司 |
| 黎冠霆 | 董事长 | 云南水勿人禾商贸有限公司 |
| 李胜 | 总经理 | 椰枫堂（广州）生物科技有限公司 |
| 刘晋 | 董事长 | 惠州市龙鼎盛电力科技有限公司 |
| 刘圣鹏 | 总经理 | 荆州佰正农业有限公司 |
| 刘颖惠 | 执行总监 | 深圳市恩典水处理技术有限公司 |
| 卢为利 | 总经理 | 陕西瓴汇投资管理有限公司 |
| 罗喜荣 | 董事长 | 上海瑞时创展印刷有限公司 |
| 洛桑尖措 | 董事长 | 青海达玉部落文体旅游产业发展有限公司 |
| 马庆军 | 董事长 | 山东圣地龙帛纺织科技有限公司 |
| 宋斌 | 总经理 | 山东锐翊电力工程有限公司 |
| 孙丹军 | 董事长 | 巨人行量子科技实业集团有限公司 |
| 孙逢春 | 董事长 | 湖南星泽机电设备工程有限公司 |
| 孙隆强 | 执行董事 | 东莞市共合实业投资有限公司 |
| 孟凡一 | 董事长（创始人） | 美亚凡音（北京）国际音乐文化传媒有限公司 |
| 唐纪文 | 董事长 | 湖南美豪装饰工程有限公司 |
| 田颖 | 董事长 | 天津市人安物联科技有限公司 |

## 《重构资本》联合发起人

| 姓名 | 职务 | 公司 |
|---|---|---|
| 王方 | 董事长 | 北京华远易晟物流有限公司 |
| 王节 | 董事长 | 深圳市伴伴养老科技有限公司 |
| 王凯锋 | 总经理 | 林州市鸿开建筑工程有限公司 |
| 王艳 | 董事长 | 千祥实业有限公司 |
| 魏金秋 | 集团总经理、党支部书记 | 黑龙江省鑫威实业集团有限责任公司 |
| 吴蕾 | 总经理 | 酒世界葡萄酒生活馆 |
| 席莉 | 董事长 | 香港缔美妍生物科技有限公司 |
| 徐学友 | | 前郭县惠民农牧业有限公司 |
| 严美 | 董事长 | 广州佰语婷生物科技有限公司 |
| 杨学武 | CEO | 众赢天下酒店管理有限公司 |
| 杨一军 | 董事长兼总经理 | 深圳市天海霸钟表有限公司 |
| 杨玉荣 | 董事长 | 中阳张家口察北能源有限公司 |
| 杨中凡 | 董事长 | 东莞市铭镜塑胶五金有限公司 |
| 詹鹏程 | 董事长 | 广州市软赞网络科技有限公司 |
| 张煦闳 | 董事长 | 灵武市一源农林综合开发有限公司 |
| 郑汉文 | 董事长 | 深圳市正洲大药房连锁有限公司 |
| 张三丰 | | 湖北金种子秋葵酒业有限公司 |
| 张威南川 | 联合创始人 | 成都市金堂考场 |
| 张永良 | 创始人 | 杭州小亨智能科技有限公司 |
| 赵峰 | 董事长 | 山西亿和创展科贸有限公司 |
| 赵娟 | 董事长 | 北京圆荷商贸有限责任公司 |
| 朱方贵 | | |
| 邹迎春 | 董事长 | 北京匠心衣道文化传播有限责任公司 |
| 左晓萃 | 总经理 | 东莞哲蔻服饰有限公司 |
| 曾令媛 | 院长 | 重庆铜梁玉媛医院有限公司 |
| 陈美华 | 总经理 | 长沙科洁士环境工程有限公司 |
| 仇伟聪 Cash | 联合创始人及董事 | 上海境升动漫设计有限公司 |
| 樊海燕 | 董事长 | 河南马丹阳健康科技有限公司 |
| 何君章 | 项目总经理 | （台湾蛮牛）东莞市蛮牛净水设备配件有限公司 |
| 闫志刚 | 董事长 | 北京金盾建材有限公司 |
| 刘新国 | 公司顾问 | 东莞市墨田科技有限公司 |
| 曲滨 | 董事长 | 山东一源能源科技开发有限公司 |
| 佘敏 | 总经理 | 莆田市顺浪潮流网络科技有限公司 |
| 史文琴 | 总经理 | 东莞市共赢网络信息有限公司 |
| 王琦 | 执行董事 | 沈阳有名堂餐饮文化管理有限公司 |

谨以此书献给"重构商业"第 30 期学员